貴方キリスト教を信じませんか

山口義人

教文館

まえがき

　これは、明治以来、いくら伝道しても一％しかクリスチャンにならない日本人のために書いたものである。どうしてなのだろうか？　秀吉、徳川時代のキリシタン迫害の事情もあるにはあるが、それだけではない、日本人がキリスト教だけは信じない何か根本的な理由があるはずである。

　一つの理由として、極めて理詰めで納得しなければ、何事も信じないという性格があると思う。「建前と本音」と言うが、表面では信じているように振る舞うけれど、本音では信じていない、ということがままあるのである。私は両親からキリスト教信仰を受け継いだが、それでも青年期に、どうしても宗教そのものが信じられなくなった時期があった。

　したがって、その時の経験を踏まえて、徹底的に理詰めで、あるいは科学的に、この本を書くつもりである。宗教は理詰めではわかるものではないのかもしれない。そうかと言って、従来のやりかたで日本人に伝道しても同じことである。とにかくこれなら日本人に通じるかも知れないと私が思うやりかたで書いてみるつもりである。

もう一つ、天皇制が日本人がクリスチャンにならない原因という人もいる。確かに天皇制は日本に根付いていると思う。「象徴」という言葉は良く出来ていると思う。「神とは、宇宙のビッグバン以降の世界の進化の方向である」と私は定義する。もっと狭く、具体的に、人間にとって正しい方向とか、日本の国や国民にとって正しい方向とする考え方もあろう。しかし、天皇制が、日本人のクリスチャンにならない理由だとは、私は思わない。その理由を本書で明らかにしよう。その上で私の信じるキリスト教を勧める。我々クリスチャンは、イエス・キリストの父なる神を信じる、つまり、イエス・キリストが認識した神、宇宙を含む世界の進化の正しい方向、真善美を信じているのである。それを日本人に勧めたい。

私は二〇〇六年四月から二〇一四年三月まで九年間、長崎にあるミッションスクール「活水学院」の理事長を務めた（最後の一年間は院長兼任）。その時、二〇〇七年秋から、年二回、全校の生徒、学生、約二〇〇〇人に（三組に分けて）朝の「チャペルアワー」という礼拝で「奨励」をした（牧師ではないので「説教」ではなく「奨励」という）。その時の話を中心に、まとめたのが本書である。最初、女子校なので「貴女キリスト教を信じませんか」というタイトルにしようと思ったが、もっと一般的なものにしたいと思って「貴女」を「貴方」に変えてこの本を出版することとした。

活水学院は、明治一二年（一八七九年）一二月一日創設の、九州では一番古い学校である。東大の一八七七年より二年遅いが、全国でも一五番以内に入る。現在は大学院、大学、高校、中学からなり、学生一四〇〇人、高校生五〇〇人、中学生一〇〇人、計約二〇〇〇人の学校法人である。

もちろん日本には江戸時代より「藩校」という教育機関はあったので、「学校」の古さを誇ることはできないが、「女子教育」という、女子に対する教育の古さには意味がある。

明治維新より前の日本は、「女子に教育は要らない」という男尊女卑の雰囲気の中で、裁縫学校はあっても一般教育はなかったのである。女子に対する一般教育、つまり教養学部的教育は、明治維新からしか始まっていない。

フェリス女学院、神戸女学院、活水学院など、明治になってからキリスト教主義による人格教育を施すことを目的としたミッションスクールを中心として、日本の女子教育は始まったのである。

やがて小学校の公立でも男女共学となったが、女子教育については、私立学校が公立より名門と言われるのである。特に大学となると顕著で、長崎でも、活水女子大学は名門と言われてきた。

しかし、少子化と地方の弱体化で、長崎でも、私立学校の経営は難しくなり、私が赴任する二〇年前は三〇〇〇人規模であったが、赴任した時は二〇〇〇人を切っていた。「建て直しには企業経営の経験ある理事長を」ということで、長崎が郷里の私が選ばれたのであったが、伝統のある学校であるだけに、その立て直しはかえって困難だった。

世間が望む看護学部の新設では、「格が落ちる」と同窓会から反対の署名運動まで起こされたが、それを強行することで縮小に歯止めをかけられた。最近では中高のクラブ活動、吹奏楽バンドの活躍、評価向上などで勢いを取り戻している。現在は、お陰様で中高の生徒数は若干増加中である。

学生数、生徒数を確保するため、名門女子私立学校でも男女共学にするところが増えてきているが、私はアメリカの名門女子学校の例を見て、やはり女子学校は必要と感じ、女子だけで継続することを決意した。活水学院は現在も女子だけである。

また、宗教教育は全人格教育のためには必須と感じ、教職員はキリスト教信者を出来るだけ優先して採用し、私も朝の礼拝の「奨励」を続けた。この本は約一〇年間の活水の学生、生徒に対する宗教教育の一環であるその奨励をまとめたものに加筆修正し、若干その他のものも入れたものである。

つい最近であるが、中公新書ラクレから、竹下節子氏が『キリスト教は「宗教」ではない』（二〇一七年）という本を出版された。彼女はフランス在住で、キリスト教徒ではないらしいが、かなりキリスト教信者に好意的な考え方の書物である。並行してご一読をお勧めする。

もう一つ、これも最近だが、『サピエンス全史』（ユヴァル・ノア・ハラリ、柴田裕之訳、上下巻、河出書房新社、二〇一六年）という本が出た。これはホモ・サピエンスである人類の歴史であるが、まさにビッグバン以来の宇宙の歴史から人類のこれまでの歩み全部をカバーしている。これもなかなか面白い。

目次

装丁　熊谷博人

第一章　宗教とは

(1) 宗教の必要性

キリスト教を語る前に、そもそも日本は仏教国と言われながらも、積極的仏教信者は少なく、家が仏教だからとか、葬式だけは仏教でと、いわゆる葬式仏教信者と呼ばれる人が多く、基本的には無神論者とまではいかなくても宗教に無関心な人が多い。特にキリスト教信者は人口の一％以下と、アジア諸国の中でも一番低いと言われる。

それはなぜかを解明しなければならない。共産主義者は無神論者であるが、それと同じく日本人も無神論者かというと、ちょっと違う。その状況をまず解明してみよう。

昔、一高生（旧制一高の学生、現在の東京大学）が好んで歌った歌にデカンショ節《ぶし》という寮歌があるが、これはデカルト、カント、ショーペンハウエルをつづめたもので、「デカンショ、デカンショで半年しゃ暮す、あとの半年シァ寝て暮らす、よーい、よーいデッカンショ」と歌った。戦前の日本人のインテリ青年の青春時代を象徴する歌である。これは、近代啓蒙時代の幕開けとなった、デカルトの啓蒙哲学、カントの理性神、ショーペンハウエルの実存主義に傾倒し、伝統的な宗教から離れることを意味する。また日本人のインテリはニーチェが好きで、ニーチェの「神は無くとも人間の教養と真善美を愛する心さえあればよい」という言葉に同感する。これを頂点とし、一般的には、神と仏が混合した「天」の配剤とか、天の恵みなどは信じるが、宗教には無関心という、どちらかというと、恵まれた日本の現状と平和に安住した、いわゆる日本教信者が日本人の大部分を占めているのが現状であろう。

確かに、日本は世界でも最も恵まれた環境にあり、戦争や紛争ともあまり縁がなく（第二次大戦による敗北だけは別だが）、世界中を旅行した私にはよくわかるが、世界中が宗教なくしては、まだ生活できない中で、宗教を信じなくても安心して生活していける場所ではある。宗教によって人間は、自分の生き方に自信が持てるようになるのである。

(2) 宗教と科学

宗教について考える時、この宇宙は神が作ったものであるかどうか、は非常に大きな意味をもつ。

科学的事実として、宇宙はどうして出来、どうなっていくのであろうか？

キリスト教は宗教の中で、最も科学と格闘してきた伝統をもっている。ガリレオの宗教裁判があるが、有罪となったガレリオが「それでも地球は動く」とつぶやいた話は有名で、キリスト教が科学的真理追究を迫害してきたとして断罪される。しかし、これは近代になってローマ法王は謝罪しているし、進化論についても当初異端としながらも、あとで公認した。つまり科学と同様、他の宗教の無関心というか、あまり真剣に格闘していないのと違い、真理は何かということを絶えず追究する姿勢が、キリスト教の特徴と言えるかもしれない。

私は、世界はビッグバンではじまり、その後今でも、（我々の出生、死も含め）将来も世界は進化し続けているものであり、その進化の「方向」を、我々人間は「神」と理解していると考える。人類の発展と成長の向かう正しい方向が神なのである。

我々キリスト教信者は、イエス・キリストが理解した正しい世界の進化の方向を信じる。キリストが感じた、真善美を追究する者である。

ダーウィンは自分が理解できなかった「進化」を「突然変異」とした。いわゆる「奇跡」は突然変異である。今も我々が理解できない「突然変異」は起こっている。

つまり、宗教も科学も人間活動の一側面で、真理追究の人間の文化とも言える。

（3）正しい宗教

人間は、この宇宙の中で、一番進化した「脳」を持っている。ただ人間は、魚、爬虫類、哺乳類、と進化して来た動物の中で、万物の霊長と言われるくらいで、現在のところ、この宇宙の中で一番進化した存在ではないか？　地球外には火星人とかもっと進化した動物、または生物がいるかもしれないが、現在知られている限りでは人間が一番だと思われる。

前節で述べた通り、神とは「世界の正しい発展の方向」と人間である私は定義する。いや、「神は自分に似せて人間を創造した」と聖書にあるように、自分たちがわかり易いように、我々人間は、我々と同じような姿、形の神を創造するとも言える。

本当は、世界の正しい発展の方向が神なのである。その神の導き、すなわち神の目指す方向にそって生きる必要があり、我々が目指す真善美を実現する方向へ向かって我々は生きるのである。

宗教はそれを我々に可能とさせるものなのである。宗教によって多少違うが、その目指す方向はそう違わない。宗教を信じないで、すべて人間で出来ると考える無神論は間違っている。フランシス・フクヤマは『歴史の終わり』（一九九二年）という本の中で、人類は独裁政治、封建主義政治、社会主義政治、民主主義政治といろいろ経験してきたが、人間の政治、社会、経済、制度としては、「自由主義」「民主主義」「資本主義」がベストの制度であり、これで人間の争いは終わるとし、だから歴史は終わり、人間社会は、平和で安定した理想社会となる、と言った。本当にそうなることを願う。

ただ、現実はそう簡単ではない、人間は弱く、簡単に真理や善がつかめるほど聡明な存在ではない。だから人間には宗教が必要なのである。「宗教があるから争いや戦争が起こるのだ」という考えもあるが、宗教がなかったら、もっと深刻で、動物的かつ残酷な弱肉強食の社会になる、とも言える。

人間の思考、活動の中で、ベースとなる、経済活動の話をもう少し続けてみたい。

人間の経済活動の中では、資本主義がベストであるとフランシス・フクヤマは言っているが、それよりかなり以前にマルクスはそれに異を唱え、社会主義、共産主義を主張した。それではなぜ共産主義は間違っているかというと、マルクスは経済を人間活動の基本とし、政治、すなわち民主主義はその上部構造とした。それはそうとしても、共産主義の経済は、民主主義に影響を与えるのである。共産主義でも民主主義は実現できるとしているが、そうではない。共産主義の経済を機能させるには、権力の集中（民主独裁）が必然的に必要になるため、現実の中国、ロシアを見てもわかるが、共産主義国では汚職がはびこり、本当の民主主義は実現できない。

経済の発展は、自給自足から始まり、交換経済、貨幣経済を経て、はてはキャッシュレス経済、信用経済となっていく。さて経済の発展には迂回経済、すなわち迂回生産によって、生産性を上げることが必要となる。迂回経済とは、高い生産性をあげる技術や設備のために投資することである。だれかがその資本を出すことで、生産性が高まる。当初は資本の出し手である資本家ばかりが儲けて、技術や設備を使って働く労働者は貧乏なので、マルクスが資本論を書いて、儲けの配分について「労働価値説」を唱えた。それによって資本主義も、それを取り入れ、修正資本主義となるが、どこまで修正するかはさまざまなので、現在資本主義を採用していてもどこまで修正するかで国によってまちまちである。日本はかなり正しい方向を行っていると言えよう。欧米はまだ資本家の方に有利であるし、国によっては国が資本を出し、国家資本主義となる。中東のイスラム諸国は大体この段階か、部族が資本を出し、部族資本主義である。

いずれにせよ、キリスト教諸国の方が、正しい資本主義に近い。すなわち、キリスト教が、真善美の実現に一番近い方向にあると言えるのである。

だから、私は『貴方キリスト教を信じませんか』という本を書くのである。人類の宗教がすべて合同し、世界中の人々が一致して信じる宗教ができるのが理想だが、そうはまだなっていないので、私は私が両親から受け継ぎ、信じているキリスト教を、主張するのである。確かに、キリスト教、イスラム教、仏教、ヒンドゥー教、道教などが世界宗教と言われ、統一の方向に進むべきであるがまだ道は遠い。私が信じるキリスト教は若干「汎神教」に近いところもあるが、いずれにしても、現在の私が信じるキリスト教をお勧めしたいし、その信仰に基づいて九年間、活水学院で話してきたことを中心にご紹介したい。

第二章　キリスト教とは

（1）キリスト教とは何か？

最初にキリスト教とは何か、どういう宗教かを説明しよう。

宗教の歴史をみると、教祖と称する人、人間がいる。いない宗教もある。ユダヤ教と日本教（後述）には教祖がいない。ユダヤ教には「ヤハウェ」という神はいるが、教祖はいない。ただ「預言者」と呼ばれる人々はいる。「預言者」とは神の意志を伝え、解釈して説明する人である。旧約聖書ではイザヤ、エレミヤ、エゼキエルが大預言者として知られている。

キリスト教はユダヤ教のラビ、イエスを教祖として分派したユダヤ教の一派である、と、宗教学者やユダヤ教信者は言う。確かにイエスはユダヤ教徒であった。しかし、イエスは神の子として生まれ、つまり、世界の正しい進化を体現できる人間として生まれたのであって、ユダヤ教のラビでは無い。

つまり、キリスト教はイエスを教祖とする宗教である。イスラム教はマホメット、儒教は孔子、孟子、仏教は釈迦である。ヒンドゥー教は多神教で、色々な神がいるが、例えばガルーダなどという鳥もいる（インドネシアの国営航空会社の名前はこれから取って、「ガルーダ航空」という）。

しかし、人間はどうして神を求めるのだろうか？

またどうして宗教が必要なのだろうか？

世界の人口のうち、共産党の信奉者をはじめ確信的な無神論者の一五％くらいを除いて、八五％は何らかの宗教を信じている。

既に述べたように、日本人は一％のキリスト教信者と、約一〇％の熱心な新興宗教信者と無神論者を除いて、大部分の人は、山本七平が「日本教」と定義した宗教を信じていると言ってよい。「日本教」とは、地政学的に恵まれた日本で広まっている日本人にしか通用しない宗教的な思考形態であり、本来多神教ではある。日本人優越論ともとられ、第二次大戦中は国粋主義となって、日本人にしかわからない「八紘一宇」となり、戦後は、素晴らしい経済成長を遂げた日本をやっかみ、欧米などから、「日本人はエコノミック・アニマルだ」

と言われたりした。現在でも、トランプ大統領が核開発や大陸間弾道ミサイルの開発をやめない金大統領を、「アニマル」とか「ロケットマン」と呼んでいる。神を信じない者はアニマルだ、人間ではない、というわけである。日本人も「ジャップ」とか言われて人間扱いされなかった時代があった。

これは明治初期の話であるが、アメリカでは入国の時、提出する申告書類に「宗教」を書く欄があった。日本人の旅行者の一団が、ロサンゼルスの港に着き、入国しようとした際、ほとんどの人は、その欄に「仏教」と書いていたが、ある若者が「無宗教」と記入した。すると入国審査官が「無宗教の人は入国を許可しない」と言って入国を許可しなかった。皆困って、どうしようと相談したが、ある知恵者がいて、審査官に「仏教の一宗派に禅宗というのがあって、この人は禅宗の〝無〟という神を信じている」と説明して、何とか入国できた、という。日本の仏教は「仏」と言っているが、その中身は定義が難しく、さらに「日本教」のような思考形態は外国人には理解が難しいであろう。

確かに「日本教」と定義してもよい、日本に住んでみないとわからない共通の認識があることは確かで、日本人クリスチャンを、山本七平、イザヤ・ベンダサンは著書『日本人とユダヤ人』で「日本教キリスト派」と言っている。

ユダヤ人と日本人は、一神教と多神教の違いはあるが、民族宗教を信仰する共通点がある。つまり、両者はその他の宗教とは違う、ユニークなユダヤ教、ユニークな日本教を信じる特殊な人種ということになる。確かに日本人とユダヤ人は似ているところがある。賢い人種だというと、他の民族との差別になり、まずいが、そう言えないこともない。

しかし、私はキリスト教徒として、あるいは日本教キリスト派として、キリスト教を勧めるのである。

ここで、宗教の定義についても考えておきたい。

広辞苑（第七版）によると、宗教とは「神または何らかの超越的絶対者、あるいは卑俗なものから分離され禁忌された神聖なものに関する信仰・行事・制度。また、それらの体系。帰依者は精神的共同社会（教団）を営む。多くは経典・教義・典礼などを何らかの形でもつ」とあるが、これが一番妥当であろう。一応これでもって、宗教の定義としておこう。

(2) 宗教と科学

まず、キリスト教は一七世紀以降の近代科学の発展に尽力し、現在も、科学者と同じように、宇宙の真理を追究していて、真善美の善を中心に生活を整えようとしている。すなわち、既に言ったように、宗教の中では、キリスト教はそれ以前の過去の反省から真面目に科学と向き合ってきたと言える。

だからキリスト教国で最も科学が発展したのである。科学の起源は中国だとかいう人もいるが、確かに科学の起源は、中国、エジプト、ギリシアなどいろいろあるが、その後の歴史を見ると、アインシュタインと共に、キリスト教信者シュレディンガーやハイゼンベルクなど、量子力学以降は、物理学者はユダヤ教、キリスト教国出身者が断然多い。

ニュートン力学の世界ではわからなかった宇宙のビッグバン以降の動きは、量子力学でしか解明されていないのである。

それゆえ、キリスト教は迷信や古い神概念の妄想とは離れた、真理を探究する宗教だと言える。

宇宙は、ビッグバンから始まり、また膨張していると言われる。その中で人間はどう発展し、太陽系の惑星、地球の上で過ごして、現在に至ったのか?

どの宗教でも、我々人間は神の導きというか、神が目指す方向へ動いてきたという。我々人間が自分の意志でそれに影響を与えたのも、神の導きとか神の「予定」のなかで動いて来たに過ぎない。

というと、人間の意志にかかわらず世界は無機的に動いているともいえるが、私はそうは思わない。私の考えでほんの少しではあろうが、宇宙の流れは変わるし、未来は変わっていくと思う。

哲学者パスカルは、「人間は考える葦である」といった。私は確かに、宇宙の中では、弱い風にでも吹き飛ばされそうな、風にそよぐ葦のようなものではある。しかし、時と場合によっては私の考え一つで連鎖反応をおこして未来がそれによって変わるというか動くのである。これについては、別に一章を割いて述べることとする（第五章）。

物理学の第一法則は「質量不変の法則」である。万物は固体、液体、気体のうちの何かになって、場合によっては固体から液体、液体から気体、気体から固体へと変化しながら存在している。しかし、その質量は、形は変わっても、つまり固体でも液体でも気体でも、何ら変わらず、不変である。第二法則は「エントロピー増大の法則」である。エントロピーとは、「無秩序性」という意味で、無秩序性が増大、つまり、まったくバランバランになるような方向へ広がって行くというのである。これは、宇宙は膨張しているということと似ている。

しかし、そこに神が存在すると様相が変わってくる。神は「方向」であるとすると、その方向へ動いていく秩序、つまりエントロピー増大の法則とは逆の秩序形成の方向があるということになる。ここに一元論か二元論かという問題が出てくる。つまり、ビッグバンから宇宙が始まって、無秩序に膨張し始めると、そこに一定の方向が出てくる。したがって一定の方向を目指す秩序と、エントロピー増大の無秩序という二つの力が競い合うという現象が生じるのである。

そこに、神と悪魔、正義と不正義、善と悪、美と醜が生まれ、世界に多様性も生まれる。したがって、神が存在するかどうかで世界観、価値観が変わる。争いも起こる。宗教戦争では、異教徒は殺せ、と命がけにもなる。しかし、世界は多様であることも事実なのだ。昨今のイスラム教の聖戦は行き過ぎと思う。

(3) 聖書

前置きが長くなったが、キリスト教はイエス・キリストを信じ、その一生とその教えが書かれている「聖書」を聖典とする宗教である。したがって、聖書を読まなければわからない。聖書はユダヤ教と共通の聖典である旧約聖書三九巻と、新約聖書二七巻、計六六巻、つまり六六章ある。日本語では、カトリックとプロテスタントが初めて合同で翻訳した、新共同訳聖書、一五〇二プラス四八〇の一九八二ページがある。

私は、現在まで毎日曜日ごとに聖書のどこかの箇所を必ず読んでいるが、通読したのは、高校生の時に信仰告白式をする前の一度だけである。

私の父は、会社を退職した六〇歳から八二歳で亡くなるまで、毎日一章ずつ、必ず聖書を読んでいたので、一生では、聖書を百回以上は通読していただろう。

キリスト教信者になるとは、聖書を聖典とし、その教えを実践するよう、努め励む人になることである。洗礼を受け、キリスト教の教会の礼拝に出席して聖餐を受けることも必要とされるが、これは宗派によって違い、なかには、聖書だけを読んで聖書研究だけをする派もある。日本では無教会派といって、学者や学校関係者に多い。

私は九年間、ミッションスクールの活水学院の理事長をしていたが、その在任中に学長をしていた先生がこの無教会派の女性であった。二〇一七年三月、任期満了で退任なさったが、就任をお願いする時、キリスト教徒に限っている学長就任条件に無教会派であることが合致するかどうかを問題にする理事もいた。私は無教会派も立派なキリスト教徒だと思うので、そのままお願いした。

聖書のくわしい話は是非教会に出席して勉強して欲しい。教会では、短くても、最低一箇所は、聖書のどこかの箇所を必ず読み、それに関する説教が聞けて、お互いに話しあったり、聖書研究をしたりして、毎日曜日を過ごすのである。教会には、子どもたちへの日曜学校もあり、信仰の継承もできる。

毎週一回、教会に出席されることをお勧めする。

第三章　なぜキリスト教か？

「なぜキリスト教を勧めるのか？」について述べなければならない。仏教、イスラム教など世界宗教が数あるなかで、なぜキリスト教でなければならないのかをまず述べよう。私がなぜキリスト教というかというと、キリスト教が一番人間理解というか、人間のあるべき姿を、真っ当にというか、正しく捉えていると思うからである。

例えば、男女の姿を平等に評価している。特に近代の女子教育の分野では、キリスト教の人格主義に立ち、近代的人間観・女性観によって、封建的な男尊女卑思想の下で学ぶことを許されなかった日本女性の自立を目指して、知的水準の高い教育をもたらし、多くの優れた先覚者を輩出した。一方で、文化的背景もあるが、イスラム教ではいまだに男性優位というか男は四人まで妻帯を許しているなど、女性を正しく評価していない。ヒンドゥー教にはいろいろあって、女神を信じ、女性優位と思われるようなところもあるが、むしろ女性を人間扱いにしていない、化け物みたいに捉えているところもあり、さまざまである。

結婚という制度も、家長制などむしろ女を男の所有物として、男に従属させるようなところもある。キリスト教でもプロテスタントでは離婚も多いが、逆に離婚の自由もあるくらい男女平等が進んでいるとも言えるのである。

仏教には、変に一つの考え方を押し付けないところもあるが、逆に、人間がどう生きればよいのかについて、はっきりした方向を示していないとも言える。

聖書に書いてある、イエス・キリストが示した愛の生き方が一番正しいし、優れていると私は考えるのである。

キリスト教で言われているような「神の前では、我々人間は罪人《つみびと》」という言い方はちょっとひどいと思う人もいるかもしれないが、ここで言われている「罪」は必ずしも、刑事法上の罪を意味するものではない。キリスト教における「罪」とは、アダムとエバの「原罪」（人が生まれながらに持っている罪）である。それ以外の「罪」に関する議論は社会倫理であって、宗教的なものではないと言える。

一般的には「弱肉強食」という動物の生活を「罪」と表現している、とも言える。たしかに人間は動物の一種でもあり、その意味では弱肉強食の世界に生きている。「生きる」ということは、他人を傷つけて生きているとも言える。

イエス・キリストの生き方を見ると、人を傷つけることを一切しない生き方である。これがキリスト教徒にとって理想ではあるが、我々はなかなかそこまでは行けない。

さて、ユダヤ教、キリスト教にとって共通の戒めである「十戒」は、神についての四つの記述に始まり、「汝の父母を敬え」の次に、「汝、〇〇するなかれ」という五つの人間の行為の戒めが続く。その第一は、「汝、殺すなかれ」である。人は他の動物も殺さず食用としないで生きていくのは難しい。しかし、少なくとも植物は仕方ないとしても、動物だけは殺さない「菜食主義者」もいる。これは他の宗教のなかにもあり、動物を殺さない、しかも虫や植物もむやみに殺すのは罪であると言える。

第二は、「汝、姦淫するなかれ」であり、「強姦」が罪であるのはどんな宗教でも共通している。しかし、結婚して浮気をするのは、微妙である。これは、離婚原因にはなるが、刑事法上の罪ではない。ただ戦前の旧刑法の、女性にだけ厳格に「浮気は罪」としていたのは、女性蔑視であり、男女同権の現在には通用しない。

第三は、「汝、盗むなかれ」である。これは倫理的にはよくわかるが、「盗む」という行為の定義はなかなか難しい。人間の経済行為は利益をあげることが主であるが、これは他人のものを盗むことにつながることもある。生産には少ないが、商売の中には「盗む」という行為がないかどうか、よく検討する必要がある。

第四の「汝、偽証するなかれ」と「汝、隣の家をむさぼるなかれ」はもっと難しい。何が「偽証」であるかというのが一番難しいだろう。嘘をついてはいけないのはわかるが、嘘というのは一番人間的であるともいえ、想像力という点で人間がコンピュータより優れているのは、コンピュータは嘘をつけないが、人間は嘘をつけるという点が優れている点ともいえる。仏教の話で「嘘も方便」というが、人間関係でどうしようもなくなった時、嘘で救われることもある。また、何が隣の家をむさぼることになるのか、はっきりしない。したがって、これを守るのは難しいともいえる。

人間の行動を規定し、生きる目的を決めることが宗教の基本であるから、この十戒は、ユダヤ教、キリスト教に共通の基本的信条である。しかし「愛」についてのキリスト教の考え方は独特で、これはユダヤ教とキリスト教を明確に区別する。キリスト教の「愛」とは、人間は一人一人が違っていて、時にはその違いによって「争い」が起こるが、愛によって「ゆるし」があり、「認めあい」が起こって平和が訪れるのである。この考え方が、キリスト教が「愛の宗教」と言われる所以でもある。

なぜキリスト教かと言われると、以上のように、「男女平等」という、人間に対する理解と、「愛」という基本的考え方が、キリスト教が宗教としてもっとも当を得たものであると思うから、私はキリスト教を勧めるのである。

また、「キリスト教信者は偽善者である」という批判もある。たしかに人間は善にだけ生きることは難しい。しかし、性悪説も間違っていると思う。絶えず罪を犯しながらも、善に向かって生きる生き方は、難しくとも、善に向かって生きようとするキリスト者を偽善者呼ばわりするのは行き過ぎではないだろうか。何とか善に向かって生きようとする者、それがキリスト者なのである。

第四章　臨死体験、真善美

日本は気候的にも、社会的にも恵まれて、平和だし、あまり死を身近に感じないが、人間はやはり自分の死後に世界はどう変わっていくのかを知りたがるのではないだろうか？　臨死体験というのは、一度死にかけて、それからまた平常に戻るということである。臨死体験をした者の本当の話を人は聞きたがる。その人がのぞき見た死の世界のことである。

私もシカゴで一度それに近い経験をした。と言っても、何分間かのことであるが、考える葦である人間が、考えることも出来ない状態に置かれるとはどういうことかを自ら体験したのである。

死ぬということは生物としての活動が止まることである。これはすべての生物に共通の事実であり、多くの宗教でも一致している。そして死後、極楽に行くとか、地獄に行くという宗教家もいるが、これは比喩的で、天国に行くというのが、まあ正しいだろう。つまり、山口義人個人を離れて、別世界に入るのである。量子力学的には、私の体を作っていた秩序が壊れ、エントロピー増大の方向に近づくが、その意志によっては神の方向に近づくことが可能かもしれない。それはその人々によって違うだろうが、結局方向は神へ近づく方向へ向かうのであろう。

人間はその全貌を知りたがるが、なかなか知り得ない。その意味では不可知論が正しいともいえるが、それはまた、人間の勝手な解釈ともいえる。

人間にはわからないが、過去の歴史を見ると、世界はだんだん効率的、論理的で、美しくなっているともいえる。

私は一九七四年から八四年まで一〇年間、アメリカの三菱電機の社長、会長として、アメリカに滞在し、その後も三菱電機の海外担当常務として、長く海外事業の運営を経験をした。そこで臨死体験に近い体験をしたのだが、私が渡米していた一九七〇年代前半はCES(Consumers Electronics Show)は年二回、一月と六月にシカゴで行われていた。一九七六年冬一月のシカゴCESは特に寒かった。風の影響で普通よりも気温が下がり、マイナス四〇度とか四五度になることがある。その時のシカゴがそれだった。駐車場で自分の車の場所がわからなくなり、探しているうちに凍死してしまった、という事件が起こった時だった。

三菱電機はシカゴのＣＥＳ会場ではなく、ジョン・ハンコック・センターという当時全米一の高層ビルの九五階のレストランで食事付きの展示をするというので、高い評価を得ていた。私はホテルでシャワーを浴び、八〇メートルほど離れたところにあるジョン・ハンコック・センターまで歩き始めた。歩き始めて数メートルで、「これはまずいかな」と思った。ロサンゼルスに住んでいたので、シカゴの冬の恐さを知らなかったのである。ちょうど冷凍庫の中に入ったように、周りがシワー、という音のようなもので囲まれた。しかし、数一〇メートルだからと思って歩き続けた。もちろん誰も歩く人はいなかった。あと一〇メートル、あと五メートルと近づいたところで気を失った。

気がつくと、ジョン・ハンコック・センターの一階のソファーに寝かされていた。幸いにも、たまたま車から降りた人が、私が倒れたのを見て運びこんだらしい。

医務室から、同僚に連れられて九五階の会場に現れたら、皆が拍手で迎えてくれた。私も四一歳、まだ若かった。何事もなく済んだが、翌日の新聞で、シカゴのオヘアー空港の駐車場で二人の死者が出たことを知った。

その後、冬一月のシカゴでショーは行われなくなり、ＣＥＳ、コムデックス等のショーはラスベガスで行われるようになった。

人が死んで、思考がなくなると、「無」である。その点、仏教の「無」は的を得ている。しかし、人が死んでも、すべての人体構成部分がなくなるわけではない。それでも、神を「正しい方向」として目指して存在していた「山口義人」が消滅するのである。特に「思考」部分が最初にやられる。思考停止となる。考える「葦」が考えられなくなり、やがて「葦」を構成していた部分、部分も離れ離れとなり、解けたりしてしまう。どのくらいでおしまいになり、蘇生することも出来なくなるかは、その時々によって異なる。聖書でのイエス・キリストの場合は約五〇時間後であるが、酷寒とか墜落とかではないならば、そういう場合もあるかもしれない。それから、人間の体を構成しているものを量子レベルでみると、それは宇宙の中にちらばって行く。

しかし、死がただの消滅で終わりではないように、神は我々に子孫を残す力と希望を与えられた。DNAで遺伝情報の伝達が可能となり、死後に子どもや孫たちが、私が成しとげられなかったことを完成させてくれることがあるのである。

こうして、人間の真善美を求める旅は宇宙で続くのである。

第五章　貴方の考えで世界が変わる

「人は考える葦である」というパスカルの言葉を紹介したところで、我々の考えひとつで世界の動きが変わると述べた。ここでそれを取り上げよう。

二〇一七年一一月、トランプ大統領が日本に来た。就任後、初めて日本、韓国、中国など一〇日間東アジアを歴訪したのである。彼が米国大統領に就任してアメリカは大きく変わるだろうと言われているし、事実そうなりつつある。

サラエボの一発の銃声で第一次世界大戦は始まったし、ヒトラーによって第二次世界大戦は始まり、世界は大きく変わった。

人の考えひとつで世界は変わるけれど、私にはそんなに影響力はない、というかもしれない。しかし、そうではない。すべての人間の活動はつながっており、その連鎖反応によって世界のすべてのことが起こるのである。私自身を例に、もうすこし細かく人間の思考を分析してみよう。

今はもう八四歳になったのであまりしないが、私はゴルフが好きで、若い時、特にアメリカ滞在中は、ほぼ毎週土曜日には一回ゴルフをしたので、一〇年の滞在中ちょうど五百回ラウンドした。有名なプロゴルファーは、「ゴルフは、ゴルフクラブなど道具の力が一％、技術が一〇％、残りの八九％はイメージだ」と言っている。イメージとは、ボールをどの方向へ、どの位の力で打つか、ということで、ボールを打つ時、よくボールの状態を確認し、方向を決めて、力加減を決めて打つ。ピンそばに寄るか、大きく逸れるかは、その人が描くイメージによるのが八九％だというのである。

つまり人間の思考力が結果を決めているのである。ジャック・ニクラスやタイガー・ウッズは、思考力が優れているのであろう。

貴方も、「あの時の決断がその後を決めたな」と思う時があるだろう。私の場合、入社以来一五年間、名古屋勤務だったのに、突然アメリカの三菱電機の社長に指名され、急遽、初めてアメリカに赴任したことだ。一九七四年、アメリカのテレビ販売は、ソニーをはじめ、パナソニック、シャープ、三洋、日立、東芝等の日本勢がアメリカ市場を席捲していた。ゼニス、ＲＣＡ等はじりじりと押されて後退し、「日本勢は不公正な競争でアメリカ市場を独占しようとしている」として、独占禁止法違反訴訟やアンチ・ダンピング訴訟を起こされている時でもあった。そんななか、三菱電機は最後発でアメリカに進出したのだ。「どうすればこんななかで戦えるのか？」私は本当に真剣に考えた。

結論が、Limited Distribution（限定販売）であった。どういうことかというと、三菱は販売店をやたら増やさない、地域に一店の百貨店、一店の量販店（大量販売する大型店）と二、三の良質な小型店（これは市場の規模によって違い、ロサンゼルスやニューヨークでは数十店となるが）に限ることにしたのである。そして、私はその販売店を全部回って、「三菱は販売が伸びて三菱製品の販売を希望する店が現れても、決して現在以上の店は増やしません」と約束した。

幸い、三菱が売り出した大型テレビやプロジェクションテレビは評判が良かった。しかし、三菱製品を売りたいという店が出てきても、それを受け付けず、ニューヨーク、ロサンゼルス、シカゴ、サンフランシスコと上記の方針を守って、各地域の販売店数をコントロールした。やがて、「スーパー山口は約束を守る」という私個人の評判が立ち、しかも店が限られているので、店同士の安売りもなく、製品の評判はますます向上するという結果となった。

これによって、全米に約五〇〇店の強固な販売組織が確立し、その後の三菱製品の販売は伸びていったのである。

また、私は趣味でピアノを弾くので、訪問した先で販売店の人と夕食をともにしたあと、その店主の家に招かれピアノを家族の前で演奏し、"Super Yamaguchi famous after Dinner Concert"と言われた。それが各地で評判となって、ますます三菱の販売ルートは強固になっていった。日本メーカーの家電製品は往年のように、アメリカを席捲しているとは言えず、三菱電機もテレビなどはやめているが、今でもアメリカを含め、三菱電機の事業はなかなか好調であり、アメリカでは今もエアコンが好調で、存在感を示している。私の時代の強固な販売組織がまだ十分機能しているようだ。

さてもう一つ、私は毎日家の前の落ち葉掃きをしているが、これが宇宙の動きにどう関係があるかを考えてみたい。私が家を留守にしている時は家内がやるが、ふたりとも留守の場合もある。これがどう影響するかは、ほとんどの場合、宇宙の動きと何ら関係ないだろう。

しかし、地震が起こり、山の土砂が崩れ、周囲一帯を泥海として、壊滅状態となり、町は消滅するかもしれない。しかし、私の家のすぐ傍で泥流がとまるかもしれない。その時道路に面したところが綺麗だと、そこを中心に町が再現されるかもしれない。そうすると、私が毎日家の前を掃いていたことが、その後の鎌倉の町のあり方に影響を与え、果ては鎌倉市から首相が出て、日本の歴史を変えるかもしれないのである。

このように、ヒトラーやトランプでなくても、それぞれ個人の考え方、行動次第で、少しずつ世界は変わっていくのである。もっとも、「国破れて山河あり」というように、私の考えで人間の歴史には影響を与えても、地球の動き、宇宙レベルでの動きには何の影響も与えないかもしれない。しかし、人類の栄枯盛衰には影響があり、それはまた宇宙の微細な動きには影響を与えると言える。

第六章　理詰め、美輪明宏

私は中学時代、長崎の海星中学で、美輪明宏君と一緒だった。彼は高名なタレント、歌手、俳優だが、私より一年下なので、「美輪君」と呼ばせてもらう。中学時代は、私よりかなりませていて、友人というより先輩というか、先生みたいな存在だった。彼は声楽、私はピアノで、もう一人の歌手、二年先輩の杉野正男氏を入れて、音楽部の「三羽カラス」と呼ばれており、私と美輪君は、長崎県代表として、第二回全日本学生音楽コンクールに、寺崎先生に連れられて出場した（残念ながら二人とも東京の本選にまでは行けなかったが）。美輪君はテレビでも「身の上相談」などしているように、本当に物事の本質というか、世界のことをよく知っている。口癖が「よく考えなさいよ」で、理詰めで本当に何でもとことん考える男であった。テレビで拝見しても、その意見はまっとうで、筋が通っているので人気を博している。

彼はまた、「自分は天草四郎の生まれ変わり」だと言っていたが、それはまさに、島原の乱を起こさざるを得なかった当時の時代背景、農民の生活の苦しさ、殿様の無理解等々の状況を苦しみ抜いた男、天草四郎と自分は同じだ、という意味である。彼自身はキリスト教徒ではないが、当時の重税に苦しむ、キリシタン農民と同じような立場だという意味で天草四郎の生まれ変わりだというのである（この生まれ変わりについては章を改めて論じる）。

私の家にもよく遊びに来ていたし、私がクリスチャンホームで育っていることも知っていたので、「ヨットちゃん（私は義人《よしと》なので、こう呼ばれていた）はマリア様から離れてはいけないよ」と彼には言われていた。まだその頃は、カトリックとプロテスタントの区別は知らなかったようだが。

さて理詰めとは何だろう。「人間は考える葦である」、考えることに人間の本質がある。考えることによって人間は宇宙の中でユニークな地位を占め、また宇宙を変えている。世界の進化の方向である神を変えることはできないが、その方向についていろいろな変化を与えることができる。

動物にはそれが出来ない。したがって「理詰めでよく考えなさいよ」ということは「あなたの人間らしさを精一杯発揮しなさいよ」ということである。美輪君はそれを言っているのである。

彼はシャンソン『メケ・メケ』でデビューし、『ヨイトマケの唄』で一躍日本歌謡界の寵児となり、その後、舞台『黒蜥蜴』でスターとなった。彼は主演だけでなく、演出、衣装、舞台装置の一切を全部一人でやった。その後、舞台やステージだけではなく、人生相談、テレビ対談など、タレントとしても活躍し、今でも全国で年間一五〇回、演奏会、演劇会、対談などで活躍している。

デビューで脚光を浴び、華やかな生活をした数年後、突然そのブームが終わって、仕事が全然こなくなり、一文無しとなって、新宿駅でホームレスをしていたことがあるという。

これは彼の自叙伝にも書いてあるので、彼にとっては、恥ずかしいことでもなんでもないことのようで、むしろ、「ホームレスって楽しいわよ」と私に言っていた。「食べるものは、捨てたものが一杯あるし、新宿駅は温かいし、寝るにも何にも問題はないわよ」。まさに人間は、考える動物であり、どんな環境でも、何ら問題はない、人間らしく生きられると言っているのである。

その後の彼の復活を見れば、それが単なる歌手だけでなく、オールラウンドのスターとして新しく発展するための充電期間だったことがよくわかる。大スターであるだけではなく、人生相談にまで応じることができる、大人物となる、人間形成のために必要な期間であったことも理解できる。

つい最近のことであるが、「私は八〇を超えたし、もうやめてもよいと思うんだけど、やめられないのよ。今私、五六人を食べさせないといけないの」と言っていた。楽団、劇団、事務所のスタッフ等々、彼が年間一五〇回の演奏会、演劇会をやらないと生活できない人がそれだけいる、ということである。先月も川崎で彼の演奏会を聴きにいったが、シャンソンから自分で作曲した歌まで、二時間の独り舞台を完全にこなしていた。

「ヨットちゃん、よく考えなさいよ」はいつまでも心に残っている。

第七章　生まれ変わり

ここで続いて「生まれ変わり」について書いておこう。

「生まれ変わり」とは、さまざまな宗教に存在する。宗教はあまり信じない日本人でも「あの子は○○の生まれ変わりよ」と言う。

これが最も顕著な例は、チベット仏教である。チベット仏教の最高指導者をダライ・ラマというが、現在一四世ダライ・ラマは亡命中である。中国がチベットを併合して自治領としているが、住民は納得せず、たびたび叛乱や騒動が起こっている。何とか現在は収まっているが、中国は勝手にダライ・ラマに次ぐ地位のパンチェン・ラマを擁立している。

どうやってこのダライ・ラマやパンチェン・ラマを決めるかが面白い。正式の捜索隊を組織して、次のダライ・ラマになる男の子を探し出すのである。先代のダライ・ラマに、面立ち、性格など色々の要素を総合して、この子こそ、ダライ・ラマの生まれ変わり、転生だと信じられる子を決定するという。

何度も言ったとおり、物理学の第一法則は、質量不変の法則である。形は気体、液体、固体と変わるが、質量は不変である。ということは一旦存在したものは永遠に存続するとも言える。したがって、まさに「生まれ変わり」と信じられるような同じ人間が存在することはあり得るのである。

「生まれ変わり」の定義にはいろいろあるだろうが、この一点については疑問がない。「生まれ変わり」はあり得るのである。つまり、祖先のＤＮＡを受け継ぎ、性格が似ているとか、同じようなしゃべりかたをするとか、親子にはかなりの共通点があるのは間違いないが、中には、まさに「生まれ変わり」と言われるくらいになることがあるのは当然である。

美輪明宏君が「天草四郎の生まれ変わり」だと自称するのは、よくよく考えたからであろうが、彼が暮らした少年時代は戦時中で、兵隊や軍の横暴、暗い世相など、天草四郎がその時代に感じた世相と似ていたのだろう。

彼は自叙伝の中でも「軍人が威張っていやだった」と言っているし、彼の戦争反対は一貫しており、どちらかというと反体制的であるのは、この「天草四郎の生まれ変わり」というのと通じるのかもしれない。

とにかく「生まれ変わり」という現象は起こるのは確かである。

第八章「私の信仰」

わたしにつながっていない人がいれば、枝のように外に投げ捨てられて枯れる。そして、集められ、火に投げ入れられて焼かれてしまう。　（ヨハネによる福音書一五章六節）

私は昭和三二年（一九五七年）に大学を卒業し、三菱電機へ入社する面接試験の時、「山口君はお父さんとお母さんのうち、どちらを尊敬しますか？」という質問を受けました。

私の父は、小学校を出たあと、中等教育を受けていない職工が、働きながら勉強できる技能養成学校であった三菱職工学校に進みました。そこで成績優秀だったのでしょう。会社から派遣されて、九州大学工学部の聴講生として大学に三年間在籍して、三菱電機のエンジニアになっていました。

母は、宣教師に学費の一部を援助して貰って、東洋英和女学院の保育科を卒業した後、飽《あく》の浦幼稚園の園長をし、市の婦人会長や市会議員などもやって、長崎では結構有名人でした。その事情を知っていた試験官は、私がどちらを選ぶか、意地悪い質問をしたのだと思います。私は、当然「どちらも同じように尊敬しています」と答えました。

今回は、父から受け継いだ信仰の話を話させてもらいます。

ヨハネによる福音書一五章五節「我は葡萄の木、汝らはその枝なり」（文語訳）は、私の父の愛読句でした。この言葉は、私が父から受け継いだ信仰の資産で、神様がずっと私を見守り、育て、助けてくださったからこそ今日の私があると信じています。

しかし、ずっと神を信じ続けて疑わなかったわけではありません。高校から大学の二年生頃までは素直に信じられたのですが、三年生頃から、神は信じられるが、キリストと結びつかないと思うようになりました。日本人なのに何もわざわざ砂漠の民の宗教、キリスト教を信じなくてもよいではないか、と思いました。そのうちに、神も信じられなくなりました。若い頃にはよくある科学信仰というようなものでした。私は文科系だったのですが、物理や地学も好きで、勉強すればするほど、星の生成や、宇宙の誕生もわかってしまうし、人間の体も、遺伝子やＤＮＡの構造までわかるのですから、「神は存在しない」と思うようになったのです。

皆さんも、ちょうど私がそうなった時期なので、すんなりと神が信じられず、すべて、世界に起こっていることは自然現象が起こっているだけ、と思っている人が多いのかもしれません。ただ、科学を少し勉強しただけなのに、世の中のことすべてが物理現象だと思うのは傲慢でしょう。量子力学の創始者ハイゼンベルクだって熱心なクリスチャンでしたたし、ニュートンも、「神は存在するかどうかわからない、しかし私は存在する方に賭ける」と言っています。

私の場合は、大学を卒業して二年後に、その不信仰を卒業しました。

世の中には、一生、神など信じない人もあれば、何の疑いもなく信じる人もいるでしょう。しかし、信じるにしろ、疑うにしろ、若い時の一時期に、短くとも神を真剣に追究してみることは、その後の人生に非常に重要です。人間は何の為に生きるか、世の中で本当に価値のあるものは何かを、一度も考えず、時勢や流行に流されて生きている人は、大きな不幸や試練があると、すぐ挫折し、中には自殺してしまう人もいるからです。

日本は、島国だし、平和で、環境に恵まれていて、神を信じなくとも生きていけますが、今後はグローバル時代で、外の厳しい世界との付き合いが多くなるでしょう。

私は、四五年間の会社生活のうち、半分は海外担当で、アメリカに一〇年間滞在し、世界中を回ったのでよくわかるのですが、日本人ほど恵まれていて世間知らずの国民はいません。イスラム教国の人々の争いや、中国の日本批判を「なぜあんなに騒ぐの?」と不思議がるナイーブさがありますが、本来の人間は、欲望を剥き出して争い、殺し、妬み、憎みあう動物なのです。

神も知らず、キリストの助けも得ずに、そんな厳しい世界の中で生きていけるのでしょうか。

皆さんは、幸いにもこの活水学院に入学し、創業者のエリザベス・ラッセル先生の「自立した、教養のある婦人を育てる」という建学の精神で教育を受けています。是非その基礎にあるキリスト教に触れ、少なくとも神の存在は信じて欲しいのです。

東京大学卒業の時、クリスチャンである矢内原忠雄総長が式辞で「運命は絶望を与える、神は希望を与える」と言われた言葉を私はよく覚えています。彼は無教会派のクリスチャンですが、世の中のことは運や運命で決まるのではない、神様の御心によって決まるのだ、神は愛である、と言ったのです。これは冒頭の父の愛読句と共に、私の信仰の土台となっています。

(活水学院での奨励より、二〇〇五年五月一一日)

第九章　「喜びと感謝の人生」

いつも喜んでいなさい。絶えず祈りなさい。どんなことにも感謝しなさい。これこそ、イエス・キリストにおいて、神があなたがたに望んでおられることです。

（テサロニケの信徒への手紙Ⅰ五章一六―一八節）

今日は母から受け継いだ信仰の話をしますが、その前に宗教を信じることについて話しましょう。なぜそうするのかといいますと、日本人は信仰、すなわち神の存在を信じ、イエス・キリストを神の子と信じるのが一番難しいからなのです。

日本と韓国には、日本が鎖国を解いた時期、大体同じ時代、一八六〇年代にキリスト教が入ってきましたが（その前のキリシタンの時代を除いて）、現在韓国の三分の一はクリスチャンになったのに、日本は一％しかクリスチャンになりません。なぜなのかは、宣教師仲間でもよく話題になるそうですが、日本は西洋から離れた、地球の真反対にある極東の離れ島で、大陸からも侵略を受けたことがない、非常に恵まれたところにあるからだろう、という結論らしいのです。すなわち、神がなくとも、人間として、ちゃんと秩序を守って生きていけるし、平和も守れて、これまでも生きてきた。したがって、神を必要としないからだろう、という結論です。

「和魂洋才」という言葉を知っていますか？　これは明治時代に日本が開国した時に言われたことで、西洋に国を開いて、西洋の進んだ科学知識等は受け入れるけれど、魂は大和魂を失わない、すなわち西洋のキリスト教信者にはならない、ということなのです。皆さんのうちにも、ご両親から西洋の文化を吸収するために、活水学院でキリスト教を知識としては学んでもいいが、クリスチャンにはなってはならない、と言われている人があるかもしれません。

活水学院はキリスト教主義学校ですから、できれば学生の皆さんがキリスト教徒になってほしいと思って教育します。しかし、もちろん強制ではありません。ただ、我々クリスチャンは、我々が信じていることを真剣に皆さんに伝えます。

さて、前回、私は、父から受け継いだ信仰について話をしました。今日は、母から受け継いだ信仰、「喜びと感謝の人生」についてお話ししましょう。

冒頭のテサロニケの信徒への手紙Iの言葉は、母の口癖の句でした。

母は既に一一年前、九二歳で亡くなっていますが、私の家の食堂の壁には、母が亡くなる数年前に震える手で書いた小さな掛け軸がかかっています。そこには「常に喜べ、絶えず祈れ、すべてのこと、感謝せよ」という、昔の文語訳の聖句が書かれています。

私は、いつも母に「義人、あなたは本当に恵まれているのだから、いつも感謝していなければいけませんよ」と言われて、「本当にそうかな？　もっと恵まれた人がいるようだが」と思いつつも、いつの間にか、自分はいつも恵まれた立場にいる、と、思い込むようになりました。そして今になると、この母の薫陶のおかげで良い人生を歩んでこられたな、と感じています。

世の中には大きく分けて、二つのタイプの人がいます。

一方は、常に喜び、絶えず祈り、すべてのことに感謝している人であり、もう一方は、常に不満で、他の人が羨ましく、自分だけがどうして不運で不幸なのだろう、と絶えず嘆いている人です。

「論語」に「三十にして立つ、四十にして惑わず」という言葉があり、三五歳くらいになると、その人のタイプが固まってきて、どちらのタイプかがわかるようになります。

皆さんはそれよりずっと若いので、どちらになるかわかりませんが、是非いつも感謝している人になりたいと思いませんか？

私の母は、この活水学院のちょうど港の向こう側にある飽の浦で、教会付属の幼稚園で園長を五〇年間務めました。八〇歳の時には、天皇陛下から「幼児教育に尽くした功労者」として表彰され、勲章をいただきましたが、いろいろな苦労をしながらも、常に喜び、絶えず祈り、すべてのことに感謝して、生き生きとして働いていました。

戦争中はキリスト教に対するいじめもあり、この美しい活水学院の建物と同じヴォーリス建築による立派な飽の浦教会が取り壊されたのですが、その時、母がおいおいと泣いていたことを覚えています。このヴォーリス建築というのは、日本の建築の歴史の中でも有名なもので、活水学院は今建て替えをしている中高の校舎を含め、全部ヴォーリス建築に統一しています。これは重要なことです。最近になって日本もやっと町並みを保存しようと、建築制限や高さ制限などが導入されていますが、皆さん、ヨーロッパに行ったらその町並みの美しさにびっくりするでしょう？　パリでも、ローマやロンドンも、皆綺麗で美しいですね。

それは、それぞれの町が法律で、地域をちゃんと決めて、その地域では、外観を変えてはいけない、中は自由に変えてよいが、外観は絶対に変えてはならないとしているからなのです。長崎も歴史や文化がありながら、町並みがちっとも綺麗ではなく、雑然としています。それはこのヨーロッパみたいな条例がしっかり根付いていないからなのです。

母の話に戻りますと、母は、戦後すぐ、あちこち走り回って、教会堂と幼稚園を建て直しました。当時は婦人の地位が低かったので、幼稚園の母の会を中心に婦人会を結成し、長崎市では初めての女性市会議員となり、三期務めました。貧しい人のためにもいつも心を配っており、そのために民生委員をずっと続けていました。私の小さい時、夕食は大体数人分余分に作ってあって、誰かが玄関のところに来て食事をしていたことが記憶に残っています。

父は普通のサラリーマンなので、うちは金持ちではありませんでしたが、母は家のすぐ近くにある三菱造船所の食堂と話をつけ、残りものを貰って、より分け、色々工夫して、おいしい料理を作っていました。その残りものを貰いに行くのが小・中学生時代の私の仕事でした。

私は今でも、パーティーなどで、いっぱい料理が残っているのが大嫌いで、世界には飢えた人が沢山いるのに何ということだ、と何とか処理の方法を考えるのが癖になったのも、この小さい時の母の姿を思い出すからかもしれません。いつか、活水女子大学音楽学部の定期演奏会が福岡であり、その関係者の打ち上げ会の料理がいっぱい余ったので、出演した学生にあげようと持っていったのですが、皆疲れてすぐ寝てしまっていたので、福岡駅前に客待ちしていたタクシーの運転手の皆さんに配ってきたことがありました。

このように、何事にも積極的に良い面を見つけ、不平や愚痴を言わないで、感謝し喜ぶという癖が、母から学んだこの聖書の言葉から出てくるのです。

皆さんが、この活水学院で学ぶのは、学問や知識だけでなく、キリスト教の愛の精神と感謝の心を身につけ、訓練を受けることの大切さです。人間は弱いので、すぐに不平不満、妬みに陥りますが、聖書を読み、祈ることによって、イエス・キリストの助けを得、喜びと感謝の生活を送りたいものですね。

ではお祈りします。

主イエス・キリストの神様、今日は、「常に喜べ、絶えず祈れ、すべてのことに感謝せよ」という御言葉を学びました。ぜひこれから、それを実行し、あなたから愛されていることを忘れないで生きていきたいと思います。

主の御名によって祈ります。アーメン。

（活水学院での奨励より、二〇〇六年二月一日、二日）

第一〇章　「復活」（その一）

キリストは死者の中から復活した、と宣べ伝えられているのに、あなたがたの中のある者が、死者の復活などない、と言っているのはどういうわけですか。死者の復活がなければ、キリストも復活しなかったはずです。そして、キリストが復活しなかったのなら、わたしたちの宣教は無駄であるし、あなたがたの信仰も無駄です。更に、わたしたちは神の偽証人とさえ見なされます。なぜなら、もし、本当に死者が復活しないなら、復活しなかったはずのキリストを神が復活させたと言って、神に反して証しをしたことになるからです。死者が復活しないのなら、キリストも復活しなかったはずです。そして、キリストが復活しなかったのなら、あなたがたの信仰はむなしく、あなたがたは今もなお罪の中にあることになります。そうだとすると、キリストを信じて眠りについた人々も滅んでしまったわけです。この世の生活でキリストに望みをかけているだけだとすれば、わたしたたちはすべての人の中で最も惨めな者です。

しかし、実際、キリストは死者の中から復活し、眠りについた人たちの初穂となられました。

（コリントの信徒への手紙Ⅰ一五章一二―二〇節）


今日は復活の話をしようと思います。

使徒パウロが書いたコリントの信徒への手紙を読んでいただいてわかるように、「復活」というのは、キリスト教を信じるかどうかにおいて、一番難しいところです。

この、パウロの言葉の通り、二〇〇〇年前でさえ、復活などあるはずがない、という人が多かったことを示しています。ましてや、科学が発達した現代では「復活」と言っただけで、この人は頭がおかしいのではないかと疑われるかもしれません。

先日の修養会で、北海道の北星学園大学の山我哲雄先生が、歴史上の、人間としてのイエス・キリストについて、かなり詳しく話してくださいました。そして、最後に人間としてのイエスは十字架上で死んだけれど、その復活を信じるかどうかは、信仰上の問題だと言われました。つまり、イエス・キリストが歴史上に実在した人物であることは、キリスト教徒でなくても、その存在を信じることが常識になっているということでした。

これは仏教の釈迦、イスラム教のムハンマドについても同じで、いわゆる世界の三大宗教と言われるこの三人の教祖の存在は、ほぼ、どんな無神論者でも認めるのです。

さあ、そこで、復活ですが、これはキリスト教信者でなければなかなか信じがたいことかもしれません。この聖書の箇所でパウロが言っているように、もしイエス・キリストの復活がなかったとしたら、キリストは神の子でもないし、キリストによる我々人類の救い、すなわち救済もないことになります。

キリスト教は、人間の罪を救うために神がこの世にイエス・キリストを遣わしたということに真髄があるのですから、まず、神を信じ、その子キリストを信じることが求められるのです。

福音書にはイエス・キリストが復活し、実際に会ったり、会話をしたりした証言が書いてありますが、もし神の存在を信じていなければ、それは嘘だろう、何か幻覚を見たのだろう、と様々な理由をつけて信じようとしないでしょうね。

私のチャペルアワーでの奨励について整理しますと、毎年、前期に一回、後期に一回の年二回、話をさせていただいています。したがって皆さんの四年間の大学生活の中では八回話が出来ることになります。

キリスト教の三大原理は「信仰」と「希望」と「愛」です。神を信じ続けることが一番難しいので、「信仰」については五回の話をします。

私が父から受け継いだ信仰について、次は私の母から受け継いだ信仰や神を信じないまま三五歳の若さで肺がんで死んだ、私の三男の嫁について話しました（これは決して神を信じないから罰が当って死んだという意味ではありません）。そして、今回と次回は「復活」についてです。その後に「希望」についてと、「愛」について二回話をすれば八回が完了します。

さて、これからの話をわかりやすくするために、ちょっと別の角度から人間と神の関係を見てみましょう。

まず、皆さんは「貴方は動物ですか、人間ですか」と問われたら、「人間に決まっている、ばかにするな」と言うでしょう。

では、どうして「ばかにするな」と怒るのでしょうか？　人間が上で動物は劣っているからでしょうか？　人間と動物はどこが根本的に違うのでしょう？

例えば、動物の中で一番人間に近いと言われる猿と人間が決定的に違うのは何でしょうか？「脳の大きさが違う」と言うかもしれませんね。確かに人間の脳は体の相対的な大きさに比較して、一番大きいことは事実です。鯨や象の脳の物理的な大きさは、人間より大きいでしょうが、あの大きな身体に比べると、相対的には人間より遥かに小さいのです。

しかし、脳が身体全体の何％以上であれば人間、それ以下は動物と分けられるでしょうか？大きな脳を持った人から、脳に生まれつき障害を持って小さい人まで、人間にもいろいろあって、結構賢いチンパンジーと人間との差にあまり違いは無いと言えませんか？　あの有名なアインシュタインの脳は、平均より軽く小さかったそうです。

結論から言えば、私は人間と動物の差は神を知ることができるかどうかだと思います。脳の大きさから言えば、まだ脳が発達して大きくはなっていない子どもの方が素直に神を信じるという事実から、脳の大きさによるのではないことは確かでしょう。

そうなると「人間らしさ」というのは何でしょうか？

人間と動物を比較してみると、二四時間のうち約八時間、すなわち一日の三分の一は眠っている点では同じです。ナポレオンは四時間しか寝なかったそうですが、動物には冬の間ずっと眠っているものもあり、一概には言えずもちろん差はありますが、まあ大体三分の一が相場でしょう。そして、約四時間は食事またはその前後の準備、片付け、その他休息に使います。

これで一二時間、全体の半分です。これも動物と人間はあまり変わりません。

残りの半分はどうでしょうか？

動物は残りの半分、一二時間は、食料を獲得するのと、子孫を作る作業にあてるのですが、人間も基本的には同じで、働かねばならないのですが、そのやり方が賢く、生産性を上げ、できるだけ学び、そして神を礼拝する時間が作れるところが違うと思います。

学生の皆さんは、アルバイトしなければならない人もいますが、基本的にはこの残りの一二時間を勉強し、遊び、かつ神を礼拝する時間に使える、恵まれた境遇にあります。

聖書には「人間は神に似せて作られ、自由を与えられた」と書かれています。

つまり、眠り、食べる時間以外の労働の時間を工夫して少なくし、余暇の時間を神の礼拝、学び、つまり人間は、「真善美」の追求に使えるのです。

ところが、その時間を喧嘩したり、憎みあったり、欲望を制御できずに、果ては戦争したりして、どうしようもなくなったので、神はイエス・キリストを遣わして、人間を救わざるをえなかったのです。

時間が来てしまいました、続きは次回にしましょう。

それではお祈りします。

イエス・キリストの父なる神様。

今日は、復活について学びはじめることができ、感謝します。

あなたが、独り子イエス・キリストをこの世に遣わし、十字架上の死という大きな犠牲を払いながら、キリストの復活によって人類を救い、ここに神の国建設に向かって努力する道を作ってくださったことを感謝します。

幸いにも活水学院で、あなたの事を学び、正しいこと、善きこと、美しいことに集中して、これからの人生を歩ませてくださいますよう、お願いします。

この小さな祈り、主の御名によって祈ります。アーメン。

（活水学院での奨励より、二〇〇七年一一月二〇日、二一日）

第一一章　「復活」（その二）

しかし、死者はどんなふうに復活するのか、どんな体で来るのか、と聞く者がいるかもしれません。愚かな人だ。あなたが蒔くものは、死ななければ命を得ないではありませんか。あなたが蒔くものは、後でできる体ではなく、麦であれ他の穀物であれ、ただの種粒です。神は、御心のままに、それに体を与え、一つ一つの種にそれぞれ体をお与えになります。どの肉も同じ肉だというわけではなく、人間の肉、獣の肉、鳥の肉、魚の肉と、それぞれ違います。また、天上の体と地上の体があります。しかし、天上の体の輝きと地上の体の輝きとは異なっています。太陽の輝き、月の輝き、星の輝きがあって、それぞれ違いますし、星と星との間の輝きにも違いがあります。

（コリントの信徒への手紙Ⅰ一五章三五―四一節）

復活の話の続きです。

私は、皆さんが活水学院在学中に是非信仰を持ってもらいたいと思っています。これは何もキリスト教を強制するものではありません。できればキリスト教を、とは思いますが、仏教でも、神道でも構いません。とにかく、無神論は自分勝手なので困ります。神を信じる者となって欲しいのです。

さて、今日は「信仰」の話の最終回です。一番信じるのが難しい「復活」についてですが、前回も復活の話でしたので「復活その二」ということになります。

まず、冒頭の聖書の箇所で、「死者はどんなふうに復活するのか?」というのは面白いですね。もっとも興味ある箇所です。

少し話が逸れますが、他の宗教ではどんなふうに「復活」を捉えているのでしょうか。

仏教では「生まれ変わり」と言って、動物になったり、他の人になったりするのですが、宗派によっても違い、禅宗などはまったく、「生まれ変わり」を認めていません。最も「生まれ変わり」を大切にしているのはチベット仏教です。「輪廻転生」というのですが、人は必ず誰かの生まれ変わりだというのです。今、中国で紛争が起こっているチベット問題を知っていますか?

チベット仏教の最高僧で亡命政府を作っているダライ・ラマは、代々観音菩薩の生まれ変わりで続いてきたと信じられています。中国政府はそれを認めず、そんな中国政府に抗議する人による北京オリンピック聖火リレー妨害などに発展しました。

第一四世ダライ・ラマは、ちゃんと選ばれた僧侶による捜索隊がチベット全土を回り、三歳の男の子だった時に見出されたのですが、本当にダライ・ラマにふさわしいか、いろいろな点で第一三世ダライ・ラマに似ている顔つき、手相などをしらべて、これこそダライ・ラマの生まれ変わりだと思える人物として選ばれたのです。通常、血縁などで選ぶのに対し、面白い考え方ですよね。

すこし横道が長くなりました。我々の神、キリスト教徒の神は、「復活によって人は永遠の命を得る」と言っています。人間が生きている時の姿や形を保つかどうかはわからないと、この聖書の箇所は言っているのです。

だから、復活したとき、どんな形で復活するか思い悩むことはない、神は何でもできる全能の神だから、そのまま神の力を信じなさい、と言っています。

もう一箇所、福音書の中で、イエス様ご自身が復活について語られた箇所を見てみましょう。マルコによる福音書一二章一八節から二七節です。

復活はないと言っているサドカイ派の人々が、イエスのところへ来て尋ねた。「先生、モーセはわたしたちのために書いています。『ある人の兄が死に、妻を後に残して子がない場合、その弟は兄嫁と結婚して、兄の跡継ぎをもうけねばならない』と。ところで、七人の兄弟がいました。長男が妻を迎えましたが、跡継ぎを残さないで死にました。次男がその女を妻にしましたが、跡継ぎを残さないで死に、三男も同様でした。こうして、七人とも跡継ぎを残しませんでした。最後にその女も死にました。復活の時、彼らが復活すると、その女はだれの妻になるのでしょうか。七人ともその女を妻にしたのです」。イエスは言われた。「あなたたちは聖書も神の力も知らないから、そんな思い違いをしているのではないか。死者の中から復活するときには、めとることも嫁ぐこともなく、天使のようになるのだ。死者が復活することについては、モーセの書の『柴』の箇所で、神がモーセにどう言われたか、読んだことがないのか。『わたしはアブラハムの神、イサクの神、ヤコブの神である』とあるではないか。神は死んだ者の神ではなく、生きている者の神なのだ。あなたたちは大変な思い違いをしている」。

ここにもまた、面白いことが書いてありますね。

サドカイ人とは当時のユダヤ人のなかでは、インテリでもあり、体制派、保守派に属する人でした。このサドカイ人はモーセ五書（旧約聖書の「創世記」「出エジプト記」「レビ記」「民数記」「申命記」の五つの文書のこと）を一番よく読み、また信じてもおり、「復活はこのモーセ五書には一回も出てこない、だから復活などまったく信じられない」というのです。

そこで、そのモーセ五書の中の申命記に書いてあることを持ち出して、イエスに質問して困らせようと思ったのです。

すなわち、「ある女の人が七人の兄弟の上から順番に結婚したが、全部に死なれてしまった。こういう場合、イエス様、復活したら、だれのお嫁さんになるのでしょうか？」と聞いたのです。イエスは即座に「思い違いをしてはいけない」と、地上の関係が天上でも同じように続くものと考える人間の癖を正されたのです。

さあ、そうは言っても人間は死んだ後のことが心配でたまらない。「あなたは、必ず復活して永遠の命を得るでしょう」とイエス様が言われているが、素直には信じられないのです。

私も、ある信徒集会というか聖書の勉強会で牧師先生に質問したことがあります。

「私の二番目の子は五歳で天に召されました。私たち夫婦はその次男剛史と天国で必ず会えると信じていますが、剛史は五歳のままでしょうか、それとも成長した剛史でしょうか?」と。

牧師は、このコリント人への手紙とマルコによる福音書とを挙げて、「私にも今はわからない、と言う他はありませんが、一つの考え方として三三歳くらいの剛史君に会えると思ったらいかがですか」と言われたのです。「なぜ三三歳なのですか?」というと、イエス・キリストがこの世の生を絶たれた歳だからです。つまり、十字架にかけられた歳だからです。

確かに、イエス・キリストは三三歳でこの世の生涯を終えられた。我々も何歳かで死に、そのあと復活して宇宙のどこかで生命の形態は変わっても永遠の命を生き続ける、ということです。

これは物理学の第一法則と合致し、科学的でもあるのです。物理の第一法則は「質量不変の法則」と言われます。すなわち、この宇宙に存在するものは必ず何らかの質量を持っている。そして、一旦質量を持ったら、それは永遠に変わらない、というものです。確かに形は、固体、液体、気体等いろいろ変わりますが、その持っている質量は変わらないのです。

例えば一リットル、一キログラムの水があったとして、これは一〇〇度以上に熱すれば気体となって、すなわち水蒸気で目の前からは消えてしまいますが、空気中に拡散しており、全体としては一リットルの液体の水と同じ質量一キログラムが存在する。それが冷えるとまた地上に雨となって落ちてくる。一キログラムの水として復活するのです。そして、その水が摂氏〇度以下になると固体の氷となる。その氷の質量も一キログラムで変わらないのです。したがって、体重が八〇キロの私が今死ぬと、八〇キロの何かに変わるというのは科学的です。

確かに「復活」はなかなか信じがたい。そうかと言って、死んだらすべておしまい、というのもおかしい。私という人間の存在価値は永遠に宇宙のどこかに残るのです。このように復活を信じる方が遥かに充実した、この世の営みを続けられると思いませんか?

それではお祈りいたします。

主イエス・キリストの神様、恵みに満ちたもう神様。

私たちが死んだあと復活することはなかなか信じられませんが、どうか我々を見捨てず、私たちが貴方を信じ、豊かな学生生活をこの活水学院で送ることができますよう、助けてください。

また、先生や人生の先輩たちの豊富な経験や教えを素直に学び、創立者エリザベス・ラッセル先生が目指された「教養のある自立した婦人」に成長することができますようお導きください。

主イエス・キリストの御名により祈ります。アーメン。

（活水学院での奨励より、二〇〇八年五月一三日、一四日）

第一二章　「苦難と練達、希望」

　このように、わたしたちは信仰によって義とされたのだから、わたしたちの主イエス・キリストによって神との間に平和を得ており、このキリストのお陰で、今の恵みに信仰によって導き入れられ、神の栄光にあずかる希望を誇りにしています。そればかりでなく、苦難をも誇りとします。わたしたちは知っているのです、苦難は忍耐を、忍耐は練達を、練達は希望を生むということを。希望は私たちを欺くことがありません。わたしたちに与えられた聖霊によって、神の愛がわたしたちの心に注がれているからです。実にキリストは、わたしたちがまだ弱かったころ、定められた時に、不信心な者のために死んでくださった。正しい人のために死ぬ者はほとんどいません。善い人のために命を惜しまない者ならいるかもしれません。しかし、わたしたちがまだ罪人であったとき、キリストがわたしたちのために死んでくださったことにより、神はわたしたちに対する愛を示されました。

それで今や、わたしたちはキリストの血によって義とされたのですから、キリストによって神の怒りから救われるのは、なおさらのことです。敵であったときでさえ、御子の死によって神と和解させていただいたのであれば、和解させていただいた今は、御子の命によって救われるのはなおさらです。それだけでなく、わたしたちの主イエス・キリストによって、わたしたちは神を誇りとしています。今やこのキリストを通して和解させていただいたからです。

（ローマの信徒への手紙五章一—一一節）

今日は聖書の中でも有名な箇所についてお話ししましょう。今年三月に卒業される皆さんは、今日が私の話を聞く最後の機会となるので、活水学院での思い出になる言葉を持って卒業してもらいたいからです。

現在の日本のプロテスタント・キリスト教会の中で、最も有名な説教者である加藤常昭先生は、この聖書の箇所、「ローマの信徒への手紙の五章一節から一一節さえあれば、その他の旧約・新約聖書全部がなくなったとしても、イエス・キリストによる救いがわかる」と言っておられます。

「キリスト教の神を信じ、その子イエス・キリストの救いを信じれば、何事も怖くない、人生の困難や苦しみはなくなって、病気も困難も、自分自身を磨いて、大きな人間になるための鍛錬と思えるようになる」ということが書いてあるからです。

「艱難汝を玉にする」という言葉がありますが、病気や困難による苦しみは、貴方を「玉」、すなわち、立派で強い人間にするために神様が与えてくださったチャレンジですよ、ということです。「若い時の苦労は買ってでもせよ」という言葉もあります。

特に将来がある皆さんのように、若い時は貧乏や苦しいこと、悔しいことは、むしろ良い経験になるから、志願してでもやりなさい、ということです。すなわち、今日の聖書の言葉は非常に重要で、皆さんが学校卒業後も、何か苦しいことがあったら、思い出していただきたいと思い、この三月に卒業する学生さんには、今からお話しする、本当に物凄い苦労をしたが、キリストを信じるようになり、素晴らしい人生を送っている人、星野富弘さんの絵葉書を栞にして使ってもらおうと、一枚ずつ記念に差し上げます。

さて、「星野富弘さんとはどういう人?」と思うでしょうが、一九八一年に出版された『愛、深き淵より。』(立風書房)を読んだことがある人もいるかもしれないし、その後書かれた詩画集『新編　四季抄　風の旅』(学研パブリッシング、二〇〇九年)も現在まで二〇〇万部が売れたので、皆さんも知っているかもしれません。

星野さんは一九四六年生まれ、中学校の体操の先生でした。一九七〇年四月に二三歳で大学を卒業して、群馬県高崎市の倉賀野中学校へ体育教師として赴任しました。床運動、鉄棒、跳び箱となんでも上手で、生徒たちに模範演技をするのが大得意でした。赴任して二か月経った、六月一七日、走っていって踏み切り、ジャンプ、空中での回転をやっていた時、誤って墜落、首の骨を折ってしまったのです。普通、首の骨が折れると、その後、呼吸困難となって、ほとんど死んでしまうそうですが、星野先生は奇跡的に助かった。しかし、それ以後、首から下の体はまったく動かない、手足はもちろん寝返りさえできないまったくの寝たきりになってしまいました。

その自叙伝ともいうべき『愛、深き淵より。』を読むと、絶望を通り越して、何回も舌を噛み切って自殺をしようとしたようですが、それだけの力や勇気もなく、結局二年間苦しみつづけたのです。体は何とか車椅子に乗せてもらえるようにはなったが、相変らず手足はまったく動かないままです。ところがある日、クリスチャンの安中さんという人から贈られた聖書を、お母さんにページをめくってもらって読んでいるうち、キリストの救いを得たのです。その最初に読んだところがこのローマの信徒への手紙のこの箇所だったのです。

それから、自分には何ができるか、自分が生きている意味、いや神様によって生かされている意味は何かを考え、口にくわえた筆で、字や絵を書くようになったのです。

そのうち段々、絵が上手になり、今日今年の卒業生の皆さんにあげるような花の絵を描くのが得意になったのです。その後、詩も書くようになり、現在では画家、詩人として、元気に活躍されており、群馬県と熊本県には、星野富弘美術館もあるくらいです。

それでは、星野さんが書かれた本『愛、深き淵より。』の一部を読んでみます。入院から九年経って、いよいよ退院する時、病院のホールで開いた展覧会の時の話です。

一九七九年五月二十日

展覧会がはじまって五日め、初めての日曜日だった。夕方車椅子に乗って廊下にいると、付き添いをしているおばさんたちがそばにきて言った。

「展覧会みせてもらいましたよ、星野さん。みんなで泣いちゃってさあ……。同情とか、そういうんじゃあないんだよ、なんだか知らないけれど涙が出てきちゃってさあ……、お母さんもよくやったねえ。絵を一枚買おうと思ったら、もうみんな丸がついちゃっているんだねえ」

おばさんたちのなかには、思い出しているのだろうか、またエプロンで鼻をおさえている人もいた。

「よわったなあ、俺……人を泣かせべえなんて悪い魂胆はなかったんだけれど、かんべんしてくんな、おっかさん。だけど丸がついているって、なんだんべえ?」

「あれ……?　なにも知らないんかい。売れちゃった絵についている、しるしだがねえ」

「みんな売れちゃったって……?」

私はどうしても信じられなかったが、そういえば昼間、展覧会をみにきて私の病室によってくれた人たちも、

「ひと足おそかったよ」とか「丸がくれてあった」とか言っていたのは、そのことだったのかもしれなかった。

展覧会の打合わせをしているとき、久保田所長が、

「絵がほしいという人が出てきたらどうしますか」

と言ったので、私は
「そんな人いるはずないです、でもまんいちそういう人がいたとすれば……、まあ変わった人でしょうけど、俺にとってきちょうな人ですから、あげてください」

とかるい気持で答えておいたのである。せいぜい一枚か二枚だろうと思いながら……。

「全部だとすると、最初のころ描いた、おそまつな母子草や、色の練習をしたけやきの木も

……だろうか」

私はあわててしまった。いい絵ならともかく、あんなひどいものまで人の手に渡ってしまったなんて……。私はまた犯罪者になってしまったような気がして、大急ぎで、石田豊さんに電話をかけた。

石田さんは画廊をやっているひとで、私の展覧会の話を整形外科の先生からきき、展覧会の飾りつけをやってくれたり、頭をかかえている私に、いろいろとアドバイスをしてくれた人だった。

石田さんの声はいつものように、淡々として、しかしきっぱりと言った。

「感動したから買っていくんだよ。星野君が押しつけて買ってもらっているんじゃあないんだから、胸をはっていろよ。みなさん、ものすごく喜んでいるんだから、心配することはないよ。素晴らしい展覧会じゃあないか」

私は胸をなでおろした。と同時に、なでおろした胸を、なにか新しいものが、息づきはじめたような気がした。

（星野富弘『愛、深き淵より。』〔新版〕、学研プラス、二〇〇〇年、二四三—二四五頁）

このように、人間は、神を知り、その神様から、貴方が愛されて、生かされているのだ、ということがわかったら、どんな困難も試練として受け止めることが出来、貴方の人生が豊かになるのです。

（活水学院での奨励より、二〇一〇年一月二六日、二七日）

第一三章「奇跡」

イエスが舟に乗って再び向こう岸に渡られると、大勢の群衆がそばに集まって来た。イエスは湖のほとりにおられた。会堂長の一人でヤイロという名の人が来て、イエスを見ると足もとにひれ伏して、しきりに願った。「わたしの幼い娘が死にそうです。どうか、おいでになって手を置いてやってください。そうすれば、娘は助かり、生きるでしょう」。そこで、イエスはヤイロと一緒に出かけて行かれた。

大勢の群衆も、イエスに従い、押し迫って来た。さて、ここに一二年間も出血の止まらない女がいた。多くの医者にかかって、ひどく苦しめられ、全財産を使い果たしても何の役にも立たず、ますます悪くなるだけであった。イエスのことを聞いて、群衆の中に紛れ込み、後ろからイエスの服に触れた。「この方の服にでも触れればいやしていただける」と思ったからである。すると、すぐ出血が全く止まって病気がいやされたことを体に感じた。イエスは、自分の内から力が出ていったことに気づいて、群衆の中で振り返り、「わたしの服に触れたのはだれか」と言われた。そこで、弟子たちは言った。「群衆があなたに押し迫っているのがお分かりでしょう。それなのに、『だれがわたしに触れたのか』とおっしゃるのですか」。しかし、イエスは、触れた者を見つけようと、辺りを見回しておられた。女は自分の身に起こったことを知って恐ろしくなり、震えながら進み出てひれ伏し、すべてをありのまま話した。イエスは言われた。「娘よ、あなたの信仰があなたを救った。安心して行きなさい。もうその病気にかからず、元気に暮らしなさい」。

イエスがまだ話しておられるときに、会堂長の家から人々が来て言った。「お嬢さんは亡くなりました。もう、先生を煩わすには及ばないでしょう」。イエスはその話をそばで聞いて、「恐れることはない。ただ信じなさい」と会堂長に言われた。そして、ペトロ、ヤコブ、またヤコブの兄弟ヨハネのほかは、だれもついて来ることをお許しにならなかった。一行は会堂長の家に着いた。イエスは人々が大声で泣きわめいて騒いでいるのを見て、家の中に入り、人々に言われた。「なぜ、泣き騒ぐのか。子どもは死んだのではない。眠っているのだ」。人々はイエスをあざ笑った。しかし、イエスは皆を外に出し、子どもの両親と三人の弟子だけを連れて、子どものいる所へ入って行かれた。そして、子どもの手を取って、「タリタ、クム」と言われた。これは、「少女よ、わたしはあなたに言う。起きなさい」という意味である。少女はすぐに起き上がって、歩きだした。もう一二歳になっていたからである。それを見るや、人々は驚きのあまり我を忘れた。イエスはこのことをだれにも知らせないようにと厳しく命じ、また、食べ物を少女に与えるようにと言われた。

（マルコによる福音書五章二一—四三節）

今日の聖書の箇所は長いですが、二つとも奇跡の話です。

何が起こったかを、かいつまんで話しますと、ある地方の有力者、すなわち皆が礼拝に行くユダヤ教の会堂長の娘が病気になって死にかけた。お父さんである会堂長は、かなり偉い人だったのでしょう、何とかして娘を助けたいと、その頃「病気などを治す」といって評判が高かったイエスに治してもらおうとして来たのです。

イエスに来てもらえることとなりました。会堂長は一刻も早く来てもらいたくて、今だったらタクシーを雇うでしょうが、イエス様に「走ってください」と言いたい気持ちだったと思います。

ところが、そんな親の気持ちを知ってか知らずか、イエス様は、もう一人の女の人を救うために、その貴重な時間を過ごそうとされたのです。親の会堂長にしてみれば、「そんな女のことは放っておいて、娘を一刻も早く救ってほしい」という気持ちだったでしょうが、とにかく、イエスはその女の人を治してしまった。

ところが、案の定、そこでモタモタしたために、家から使いが来て、「お嬢さんは亡くなりました」と言われたのです。会堂長は怒りと絶望で呆然自失でしたが、イエスは何と「大丈夫、娘は眠っているだけだ」と言って、そのまま歩き続け、到着して娘も治してしまうのです。まさに奇跡が起こったのですね。

さて、皆さん「奇跡」が信じられますか？　私も大学生の終わりころ、奇跡はもちろん、神様も信じられなかった時期がありました。キリスト教では、洗礼を受ける時に、誓約つまり約束をしなくてはなりません。唯一の神を信じること、イエスがその子であり神そのものでもあること、復活を信じること、それに聖霊を信じることを告白しなければなりません。つまり、聖霊の働きによる奇跡があることを信じなければならないのです。

皆さんは、私の大学生の終わりの頃と同じように、科学的でない一切のことは信じないという段階にいるのかもしれません。皆さんの先生の中にも、まだその段階にいる人がいるので困ったものですが、しかし奇跡は絶対にあるのです。もっとはっきり言えば、「もし奇跡がなかったらあなたの存在意義はありません」と言ってもよいでしょう。「そんな馬鹿な」と言いたくなるかもしれませんが、この宇宙や地球の大自然の中で、自意識というか人格をもってあなたが存在していること自体が奇跡だと思いませんか？

どうしてかを説明しましょう。まず「奇跡」というのは、人間にだけ起こるものです。というのは、動物に「奇跡」は起こるでしょうか？　起こりません。動物にとってはすべてが自然現象ですから、「奇跡」など起こるはずはないのです。「奇跡」の定義は、人間の意識で通常は考えられないようなことが起こることです。動物には人間のような自意識や、「世の中はこう始まって、こう終わるのが普通だ」とか、「自然現象もこうなっているから、結果はこうなるのだ」と、客観的に分析したり、予測することはできません。ただ本能的に地震を感知するとか、津波を遠くからでも感じることなどはできますが、これは「奇跡」を感じることとは違います。「奇跡」は主観と客観が融合したところに起こる現象です。つまり、客観的に起こったことと、主観的にあなたがこう起こったと、信じることが交差しているのです。他の人がそんなことは起こってないということでも、確実にそれは起こったと思うということがあるのです。例えば、今日の聖書の箇所はかなり有名な「奇跡」ですが、キリスト教での「奇跡」の一番有名なものは「処女降誕」です。これはキリスト教の中にも、「処女降誕」を認めない派があるくらいで、いまだに論争が続いていますが、しかしマリアは、はっきりと「私は処女だった」と証言しています。「そんなこと嘘だ、きっとローマ兵に強姦されて子どもが出来たのだろう」というのが、非キリスト教信者の一般的な解釈ですが、これは夫ヨセフにとっては重大問題だったのです。マタイによる福音書には、もっと詳しく書かれていて、まだ一緒になってもいないマリアに子どもができたことを知って、「夫ヨセフは正しい人であったので、マリアのことを表沙汰にするのを望まず、ひそかに縁を切ろうと決心した」とあります。しかし、夫ヨセフにも奇跡が起こりました。天使が夢の中に現れて、「恐れずマリアを迎え入れなさい。マリアのお腹の子は聖霊によって宿ったのである。ちゃんと生んで育てなさい」と言ったのです。そしてヨセフもそれを信じました。

このような奇跡は聖書だけでなく、どんな宗教でも、常識では信じられないようなことがいっぱい出てきます。仏教でも、イスラム教でもヒンドゥー教でも、神話やおとぎ話、不思議な出来事がたくさん出てくるのです。これが全部嘘だったら宗教は成り立ちません。

宗教とは、神の貴方に対する奇跡の行為によって成立すると言っても過言ではありません。

私は、少なくとも聖書の中に出てくる奇跡は全部本当にあったことだと思います。現代人の心の中は、科学が大きな場所を占めているので、科学で説明できなければ、すべて作り話だと思いがちですが、そんなに昔の人や宗教を信じている人を馬鹿にしてはいけません。大体、私と皆さんを比べてみて、私が非科学的で皆さんの方が科学的であると言えますか？

私は法学部出身で理科系ではありませんが、三菱電機という電機会社に五〇年も勤めて、専務取締役になった男です。会社の友人には理科系の人が多く、彼らと絶えず接触して来ましたし、特に物理学は高校の時から大好きで、宇宙が何でできているかは今でも興味があり、その関係の本も読んでいます。コンピュータの担当もしたことがあり、『ＴＲＯＮは世界標準競争に勝てるか!?』（日刊工業新聞社、二〇〇七年）というコンピュータ関連の本も出版したくらいです。その私が言うのですから間違いありません。世の中では科学的というか、論理では説明できないことがたくさん起こっているのです。

皆さん、「気功」というものを知っていますか？「気」は空気の「気」で、「功」の字は、功労者の「功」です。百科事典にはこう書いてあります。「この地球上、そして宇宙に存在するあらゆる物質、生命体などは、すべて気によって存在し、変化し、成長していると考えられます。そして『気』がなくなったら、その物質や生命体は存在できなくなり消滅することになるのです」。「気功術」というのがありますが、これは手に「気」を集めて、気合によって驚くべき力を出す、道というか修行みたいなものです。「合気道」などもその一種です。この「気」によって、相手を倒したり、モノを動かしたり、病気を治したりするのですが、私はその実演を見たことがあります。それも、並大抵の人や手品師がやるのではなく、岡崎冬彦という私の東大の先輩で、有名な外交官、サウジアラビア特命全権大使もやった、評論家で、本もいっぱい書いている人ですが、その人の実演を近くで見たのです。彼は気功の修行をしているのですが、ある講演会で、彼のその気功の実演を見ました。まず、机の上に水が入ったコップを二つ並べて、そのコップの間に箸を二本渡すようにして置くのです。それを、箸の紙の袋を持って、じーっと「気」を溜めて、「エイッ」と箸の真ん中に振り下ろしたのです。すると、なんと箸が真二つに割れて、両側に飛んで行きました。

三回やって、一回は失敗しましたが、二回もちゃんと成功したのをこの目で見たのです。

他の人がやっても全然駄目でした。私も修行していないのでできません。

もうひとつは、聴衆の中から一人を選んで立たせ、岡崎さんが、「気」を溜めて、「エイッ」と手の平をその人の前に出すと、その人にさわってもいないのに、その人は二メートルくらい後ろにすっ飛んでしまったのです。倒れはしなかったのですが、明らかに何かが自分を押した、とその人は後で言っていました。これは一つの例ですが、とにかく、人間に理解できないことが、たくさん起こるのがこの世の中なのです。

皆さんは、これからもよく勉強してほしいのですが、活水学院の基本はキリスト教教育にあるのですから、まず神を信じ、できればイエス・キリストが神の子であることを信じて、これからの波乱に満ちた人生を正しく生きる姿勢を作っていただくことを願います。私は、もう七七歳（二〇一八年の現在は八四歳）にもなってしまいましたが、振り返ってみると、神様が私にもいろいろな奇跡を起こしてくださって今の私を作ってくださったことがわかります。その最大のものは、私が三九歳の時、それまで入社以来ずっと名古屋にいて、国内営業しか知らなかったのに、突如としてアメリカに作る小さな販売会社の社長に指名されたことです。

それで私の人生は一変し、アメリカ中を回り、アメリカ勤務を終えたあとも海外担当として世界中を飛び回り、常務取締役海外営業本部長、専務取締役にまでなりました。もし、それがなかったら、私は三菱電機の平凡な一社員として終わったでしょう。この会堂長の娘や、イエスの服に触れた女の人のように、一瞬の出来事、たった一回の出会いが人の一生を決めるのです。それが奇跡なのです。

それでは、お祈りします。

イエス・キリストの父なる神様、今日は聖書の「奇跡」について学ばせていただき、ありがとうございました。貴方の学び舎である活水学院という恵まれた環境で、日々勉強できる幸いを感謝いたします。どうか、心身ともに健康な日々を与えてくださるようお願いいたします。

この小さな祈り、主イエス・キリストの御名により御前にお捧げいたします。アーメン。

（活水学院での奨励より、二〇一一年一一月一五日、一六日）

第一四章　「迷える子羊」

徴税人や罪人が皆、話を聞こうとしてイエスに近寄って来た。すると、ファリサイ派の人々や律法学者たちは、「この人は罪人たちを迎えて、食事まで一緒にしている」と不平を言いだした。そこで、イエスは次のたとえを話された。「あなたがたの中に、百匹の羊を持っている人がいて、その一匹を見失ったとすれば、九十九匹を野原に残して、見失った一匹を見つけ出すまで捜し回らないだろうか。そして、見つけたら、喜んでその羊を担いで、家に帰り、友達や近所の人々を呼び集めて、『見失った羊を見つけたので、一緒に喜んでください』と言うであろう。言っておくが、このように、悔い改める一人の罪人については、悔い改める必要のない九十九人の正しい人についてよりも大きな喜びが天にある」。

（ルカによる福音書一五章一―七節）

今日の聖書の箇所は、キリスト教のたとえ話の中で最も有名なものの一つです。これが、キリスト教の神がどんなものかを一番よく説明している、と言われるのです。

今日は、そのお話をしますが、その前に世界の宗教の全体像というか、世界の人はどんな宗教を信じているかを、ざっと見てみましょう。

二〇一六年のデータでは、世界の人口はおよそ七三億人ですが、キリスト教がもっとも多くて二二億人、イスラム教が一六億人、インドのヒンドゥー教が一〇億、儒教や道教など中国の民俗宗教が四億人、仏教は日本人の九〇%が仏教徒として数えて、タイや、中国、韓国なども全部入れても三・八億人くらい、その他およそ六・二億人でしょう。

残りの一一億人が無宗教、つまり共産党は「宗教をアヘン（麻薬）だ」と言っていますので、その党員、および、その同調者や、その他の国の無神論者です。

しかし、どういう形で神を信じているかということになると、例えば日本の一・二億人は、九〇%が仏教だと言っても、本当に仏教を信じて、欠かさず毎週お寺に行って、ちょうどキリスト教の毎週の礼拝に出席しているような人は、一〇%くらいだと言われています。

お葬式やお墓は仏教でも、神や仏も、なんとなく信じている人が大部分です。皆さんのお父さんやお母さんもそうではありませんか？　そういう意味では、日本は共産国家でも社会主義国家でもないのに、神を信じない人が多い不思議な国なのです。今は共産国家ではありませんが、原則としては神を信じない、社会主義国家のロシアでも、大部分はロシア正教というキリスト教徒ですし、プーチン大統領もロシア正教徒です。

日本は国民の一％弱がキリスト教徒という、世界でも最もキリスト教の比率が少ない国です（例えば韓国では三〇％、中国でも公認、非公認両者ありますが五％くらいはキリスト教徒だと言われます）。ただ、日本でもキリスト教主義の学校を、幼稚園・小・中・高・大のどこかで卒業した人数は一〇％くらいいて、キリスト教はよい教えだと評価する人はかなりいるのです。

日本人は以前は神前式で結婚し、仏式で死ぬ、と言われるのですが、最近はキリスト教式で結婚式を挙げる人が、神前式より多くなったようで、そのうちキリスト教で結婚、仏式で葬儀というのが普通になるかもしれません。

さて、そこで今日の聖書の話ですが、この、「あなたがたの中に、百匹の羊を持っている人がいて、その一匹を見失ったとすれば、九十九匹を野原に残して、見失った一匹を見つけ出すまで捜し回らないだろうか。そして、見つけたら、喜んでその羊を担いで、家に帰り、友達や近所の人々を呼び集めて、『見失った羊を見つけたので、一緒に喜んでください』と言うであろう」という言葉は、ある意味では、理解することが難しいかもしれません。
「たった一匹のために、九九匹をほったらかして捜しに行くだろうか?」と思うでしょう。しかし、もしこの一匹が貴方だったらどうでしょう? 助けに来てもらいたいでしょう? つまり、この羊というのはたとえ話で、本当は、神様が貴方を、他の誰よりも愛してくださって、もし貴方が、迷ったり、人生の歩む道を見失ったら、正しい道に連れ戻してくださるということを言っているのです。

それでは、もう少し詳しく、説明してみましょう。

私は家内と一緒に、中近東のカタールという国へ行ったことがあります。長男が勤める竹中工務店が受注して、その国の飛行場に王様のための特別に豪壮なターミナルを作るため、長男が六年間も駐在していたので、三人の孫娘の顔を見に行ったのですが、そこで砂漠ツアーに参加しました。

砂漠の中を一日サファリができる自動車で出掛けて行き、砂漠の中で過ごすツアーで、砂漠での一夜も体験しました。私たちにとって、真っ暗で、何にも無い砂漠の夜は、本当に恐いものでした。

この聖書の話に出てくる場面は野原ですが、イスラエルの野原は砂漠のように周囲に何もなく、夜は本当に恐いはずです。

それに、この迷った羊の場合、多分子羊だったのでしょうから、夜は狼に襲われる危険性が高いのです。狼は集団の羊の群れは襲えません。弱い羊も集団であれば、皆で首を真ん中に寄せ、丸く集まって足で狼を蹴って、中には絶対に入れさせないからです。しかし、子羊一匹では、それも出来ず、群れを離れた羊はほぼ確実に狼の犠牲になるのです。ということは、この迷える子羊の話は生きるか死ぬかの話なのです。

皆さんもこの子羊の立場になって考えてみてください。日はとっぷりと暮れ、もう歩き疲れて、岩陰にそっとしゃがんでいる。どんなに心細かったでしょう。

そこへ、松明をもった主人が来てくれ、運良く見つけてくれた。「ああ、助かった、良かった」と幸福な気分になったでしょうね。神様は、このように貴方が迷ったり、苦しんでいたら、必ず見つけて助けてくれる、というのがこの聖書の物語なのです。

今は、活水学院の学生として、毎日よく学び、遊んで、皆と一緒だし、幸福ですね。しかし、四年生はもうすぐここを卒業し、世の中に出ていかねばなりません。ひとり立ちすれば、世の中は決して甘くはありません。学校の中でも競争はあるかもしれませんが、世の中での競争とはまったく違います。人を蹴落としてでも、生きていかねばならない、人はこんなにも意地悪だったのか、こんな汚い競争をしなければならないのか、と、驚くようなことがいっぱいあるのです。

その時には、この聖書の箇所を思い出して、教会の門を叩いてください。

さて、皆さんは、ドストエフスキーという文豪を知っていますか？　ドストエフスキーは、トルストイと共にロシアの文学者で世界で最も有名な古典作家のひとりです。

例えば、トルストイの『戦争と平和』や、ドストエフスキーの『罪と罰』は最も有名な古典と言ってよいでしょう。そのドストエフスキーに『カラマーゾフの兄弟』という大作があります。三部からなり、文庫本では五冊二五〇〇ページにもなる、「大河小説」と言ってもよい作品でしょう。

『カラマーゾフの兄弟』は、明治以来、いろいろな人が日本語に翻訳してきたのですが、今度、亀山郁夫という東京外語大学の学長が新しい翻訳を出したのです。それが、物凄いベストセラーになって、たった半年で六〇万部を突破し、もう一〇〇万部以上売れたと言われています。普通こんな堅い古典の本は一万部も出ればよいことなので、一〇〇万部などという数字は前代未聞なのです。

実は、私も今から五年前に本を出版しましたが、コンピュータ関連の本で、二五〇〇部を初版として刷ったのですが、増刷にはなりませんでした。

この亀山先生の講演会を東京で聞いたことがあり、なぜこんな堅い本が突然一〇〇万部以上も売れたのか、先生も不思議がっておられましたが、多分現在の日本の世相（世の中の特徴）を表したものだろうと仰っていました。『カラマーゾフの兄弟』という小説は、「父親殺し」がテーマなのです。

「父親殺し」とは恐ろしい、とんでもないことだと皆さんは思うでしょうが、最近の相次ぐいろいろな事件、「母親殺し」「母親の子ども殺し」、また海外では「無差別銃乱射殺人事件」などが起こっていますね。これは、人間の中に恐ろしい悪魔の世界が広がっていることを示しています。

今、皆さんは恵まれた楽園のようなところにいますが、この『カラマーゾフの兄弟』の中に描かれているような、憎しみや妬み、嫉妬が渦巻いている世界に入っていっても、自分を見失わないためには、神様が自分を受け入れ、愛してくださることを信じなければ生きていけないと思います。

これから長い人生航路を歩む皆様が絶対に知っておいてほしいのは、「貴方は選ばれている」ということです。神様が「他ならぬ貴方」を特に選んで、他の九九匹よりも何よりも、貴方を愛してくださっていることです。

お祈りしましょう。

主イエス・キリストの父なる神様。

今日は、聖書の一匹の迷える子羊の言葉を学びました。貴方が、他の誰よりもまして、私を選び、愛してくださることを知り、本当に感謝します。今後、どんな苦しいことや、困難なことが起こっても、貴方のことを忘れず、何かあった時は必ず貴方が助けに来てくださることを信じて生きていきたいと思います。

主イエス・キリストの御名により祈ります。アーメン。

（活水学院での奨励より、二〇一二年七月三日、四日）

第一五章「愛」

たとえ、預言する賜物を持ち、あらゆる神秘とあらゆる知識に通じていようとも、たとえ、山を動かすほどの完全な信仰を持っていようとも、愛がなければ、無に等しい。全財産を貧しい人々のために使い尽くそうとも、誇ろうとしてわが身を死に引き渡そうとも、愛がなければ、わたしに何の益もない。

愛は忍耐強い。愛は情け深い。ねたまない。愛は自慢せず、高ぶらない。礼を失せず、自分の利益を求めず、いらだたず、恨みを抱かない。不義を喜ばず、真実を喜ぶ。すべてを忍び、すべてを信じ、すべてを望み、すべてに耐える。

……それゆえ、信仰と、希望と、愛、この三つは、いつまでも残る。その中で最も大いなるものは、愛である。

（コリントの信徒への手紙Ⅰ 一三章一―七、一三節）

全学修養会のテーマが「愛」であり、宗教センターから事前に、「愛」について皆さんに話しておいてほしいと、要望があったので、「愛」についてお話しします。

キリスト教の三大原理は、「信仰」と「希望」と「愛」ですが、そのうちの「愛」はキリスト教をもっともよく表すものなので、キリスト教を「愛の宗教」という人もいます。

この聖書の言葉でも「信仰と希望と愛、そのうち最も偉大なるものは愛」と愛の優位性をはっきり言っています。さて、皆さん、「愛」とはなんでしょうか？

まず、真っ先に思い出すのは、恋愛の「愛」ではないでしょうか。皆さんも男の子に恋愛感情を持つこともあるでしょう。男女の愛は、愛の中でもっとも低級といってしまうと問題ですが、動物的なものというか、いや基本的なものでしょう。ギリシア語では「エロス」といいますが、セックスに結びついています。セックスは一概に低級といえませんし、ちゃんと結婚して、夫婦愛になれば、立派なものです。動物はすべて、子孫を作るため、セックスを中心にして生きていますし、人間も基本的には動物ですから「エロス」も必要です。

ギリシア哲学では、「愛」を三つに分類し、最高の愛を「神の愛＝アガペー」といい、中級の「愛」を「フィリア」、一番下を「エロス」というのです。

すなわち、「エロスの愛」と「アガペーの愛」の間にいろいろな愛があって、人間はそのさまざまな愛を実践して、つまり実行しながら人生を過ごすのです。

この中間の「フィリア」というのは、「フィロソフィ」になれば「知」、すなわち、「知恵を愛する」というので、「哲学」とか、「原理、原則」という意味になります。

「親子の愛」はどうでしょう。これも、神の愛とエロスの愛の中間に属する愛で、「母の愛」「父の愛」は損得でなく、子どもへの無償の愛なので、神の愛に近いとも言えますね。無償とは、子どもを愛するのはお金になるからとか、というのではなく、本当に心の底から、ただ子どもが健康で立派に成長して欲しいという願いから、子どもに愛情を注ぐのです。

しかし、若干、将来子どもに面倒をみてもらいたいからとか、自分の子孫だけは繁栄、つまり立派な家系になって欲しいからとか、自分の子どもだけを愛するとか、利己的なところもあるので、そう高級でもない面もあります。つまり、その人個人の人格により、高級になったり、低級になったりするのです。

それでは、国に対する愛国心はどうでしょう？

最近、日本の政府は、皆さんに愛国心をもっと持ってもらうようにしなければならない、と我々学校に対して、いろいろな指導みたいなものを出してきています。国に対する愛は、親子の愛と同じように、ちょっと高級ではありますが、これも、「アガペー」ではありません。親子の愛と同じように、あまり子どもに押し付けると、かえって子どもが反発するように、おかしなことになってしまいます。

素直に、自分たちを守ってくれる国は有難い、この美しい自然を持つ日本という国を愛する、という気持ちが芽生えてくるようにすることが、愛国心を高めることになるのです。

キリスト教で教える、「神の愛」つまり「アガペー」は、神が貴方を愛してくださる、ということが基本です。だから、貴方がたも、すべてがお互いに愛し合いなさい。つまり、親子の愛のようなものを、貴方の隣にいる人、いわば人間すべてに分け与えなさい、ということなのです。

これは考えてみると、非常に難しいことですね。人類の歴史は、戦争の歴史だといわれるくらい、お互いに、愛するどころか、他人をけなしたり、憎んだり、争いあって生きてきたようなものです。弱肉強食といいますが、これは強いものが弱いものの肉を食べて生きていく、ということです。動物の世界では、これが常識です。

人間の世界も、基本的にはこの論理がかなり通用します。

経済社会は、放っておくと、弱肉強食の原理に支配されてしまう面があります。

ちょっと難しくなりますが、グローバリズムというのも、若干その要素があります。「自由主義、民主主義、資本主義が、人類の最終的な統治原理だ」と言ったのは、フランシス・フクヤマという人で、これが、ソ連の共産主義が崩壊した時「正しい」とされ、アメリカの一極支配が出てきて、日本やヨーロッパも大体この線で合意していると言えますが、イスラムの中東や、中国の共産党はそれに対決するものです。

二〇〇八年にリーマン・ショックが起こって、必ずしも、アメリカが正しいとは言えなくなってもいます。その問題点から、世界最大の企業と言われた、アメリカのゼネラル・モーターズ（GM）が苦しくなったり、大きな金融機関が潰れたりして、アメリカ政府が助けたりしていますが、これは、自由主義、資本主義が行きすぎたからでしょう。リーマン・ブラザーズという世界最大級の金融機関が潰れたのですから、世界の経済に大きなショックを与えました。リーマンはユダヤ資本ですが、日露戦争の戦費を日本に貸し、小国日本が大国ロシアに勝ったことから、一躍有名になったことでも知られています。

根本的には、資本主義は、キリスト教の愛の原理を忘れると問題が出てくるのです。経済学の歴史を勉強すると、マックス・ヴェーバーの、『プロテスタンティズムの倫理と資本主義の精神』という有名な本を読まされますが、マックス・ヴェーバーは、正に、資本主義、自由主義は、キリスト教を軸にしなければ成り立たないと言っているのです。アメリカはキリスト教国ではありますが、最近無神論的になって、キリスト教を忘れている面が出ています。皆さん、ＷＡＳＰという言葉を知っていますか？ White, Anglosaxon, Suburban, Protestant の頭文字を取ったもので、アメリカを支配しているエリート層は「白人で、英国系、プロテスタント」、つまりＷＡＳＰだというのです。

もう今はスペイン系カトリックも増えてきて、そうでなくなってきています。ＷＡＳＰにしろ、カトリックにしろ、宗教を信じている時は、それなりに良かったのですが、神を信じない無神論になっては問題となるのです。また、宗教は信じても、キリスト教原理主義とか、イスラム教の原理主義の、お互いに敵対し、憎みあって、キリスト教の「お互いを認めあう」という愛の精神を失うと、問題点が出てきます。

最後に、神の愛を実践した人の例をあげましょう。

皆さんは、長崎にいるので、コルベ神父という人の話を聞いたことがあるでしょう？ 大浦天主堂に行く坂道の途中の右側にコルベ神父の記念館があります。

コルベ神父はポーランド人ですが、長崎に来て「聖母の騎士」運動を始めたカトリックの神父様です。『聖母の騎士』という雑誌を発行して、これは今でも続いていますし、幼稚園や、聖母の騎士学園という高校もありますよね。

コルベ神父は、第二次世界大戦が始まる直前、ポーランドへ帰されてしまいます。そこへ、ナチス・ドイツが攻めてきて捕虜になり、ユダヤ人が収容されて殺された場所として有名なアウシュヴィッツに入れられたのです。そこでコルベ神父は、死刑を宣告された若い父親の身代わりを申し出て、餓死刑で死ぬのです（餓死刑とは何も食べさせずに放っておく、死刑です）。

他人に無償の愛が注げる人、これがキリスト教の最高の愛です。

病人を助ける。孤児になった子どもや、障害者を助ける。弱い人に精一杯の愛情を注ぐ。皆さんも、このうちの一つでもやれるようになるとよいですね。

ではお祈りします。

主イエス・キリストの父なる神様、今日は「愛」について学びました。

人間が動物と違うのは、愛のわざを行うことができるということです。

「エロス」、「フィリア」、「アガペー」のいろいろな愛のうち、なるべく神の愛である「アガペー」を実践することができるよう、お導きください。

主の御名によって祈ります。アーメン。

（活水学院での奨励より、二〇一三年一一月五日、六日）

第一六章　新約聖書を読む

さあ、それでは新約聖書を読んでみよう。

キリスト教を信じるには聖書を理解しなければならない。プロテスタントは新約聖書を必須のものとする。したがって、新約聖書を完全に理解すればよいのである。

したがって、新約聖書、それもその真髄である四福音書を読んでみよう。

四福音書は、マルコが一番古く、マタイ、ルカ、ヨハネと四人の福音書記者がそれぞれに書いたものである。すなわち「イエス・キリストが存在した、彼は神の子であった」という、その生涯の記録を書いたものである。

それぞれに特徴があって、四福音書を読むとイエス・キリストが二〇〇〇年前に確実にいた、存在したことが明らかになる。キリスト教徒でない歴史学者でも、イエス・キリストという人が生まれ、パレスチナ地方でかなり話題を集めたことは認めている。

したがって、新約聖書を読めば、キリスト教は単なる神話ではなく、歴史的人物として、この世に確実に存在した、イエス・キリストによって始まった宗教であることがわかるのである。

簡潔に言うと、マルコによる福音書が最も短くその生涯を簡潔に述べており、マタイによる福音書は、ユダヤ人に対して「我々の救い主として、神が派遣したのだよ」といういわばユダヤ人のための歴史書として書かれている。ルカによる福音書は、知識人の医者であったといわれるルカが客観的に非常に正確に、淡々と起こったことを記述している。ヨハネによる福音書は、人間に対し説教するように述べている、という特徴がある。

そこで、四福音書を比較しながら読んでみよう。

聖書はプロテスタントとカトリック両教会が、共同事業として翻訳した新共同訳聖書を使うが、日本キリスト教団出版局発行のギリシア語と日本語対訳「福音書比較」というのもある。聖書は毎年の世界のベストセラーと言われるが、世界の各国語で膨大な量が印刷出版されているので、当然だろう。

以下、四福音書の概要を書き、皆さんの読書の参考にしていただく。

第一七章　四福音書を読む（公生涯）

（1）冒頭

マタイ、マルコ、ルカ、ヨハネ、四つの福音書すべてにあるが、中身はみな異なる。マタイは、ユダヤ民族の始祖、アブラハムからイエスまでの系図を書くと宣言しており、マルコは、神の子イエス・キリストの福音の始まりの宣言から始め、ルカは自分が敬愛するテオフィロへの献呈の言葉、ヨハネは「初めに言葉があった。言葉は神と共にあった」という有名な言葉を中心に、洗礼者ヨハネが「キリストがこの世にくる」と宣言している。

（2）伝道のはじまり

洗礼者ヨハネは、イエス・キリストは「暗闇と死の陰に座している者たちを照らし、人々の歩みを平和の道に導いてくださる」と預言する。

そのうち、イエスが現れ、「わたしこそ、あなたから、洗礼を受けるべきなのに、あなたがわたしのところへ来られたのですか」と辞退する洗礼者ヨハネから水で洗礼を受けられる。その後イエスは山に登られ、四〇日間断食をして身を清められる。悪魔の誘惑に勝ち、有名な「人はパンだけで生きるのではない」と言われた。次に、イエスはガリラヤでの伝道を始める。マタイ、マルコ、ルカ、ヨハネのすべてに出てくるが、ヨハネによる福音書では、そのガリラヤのカナという町で最初の奇跡を行った話まで書いてある。それはイエスが母と共に招かれていた婚礼の席で、葡萄酒がなくなってしまった時、六つのかめの水を素晴らしい葡萄酒に変えられたという話である。

(3) 一二弟子

次に、福音書によって順序はまちまちだが、イエスが一二人の弟子たちを採用される話となる。まず、シモンとも呼ばれるペトロとアンデレ、ゼベダイの子ヤコブとヨハネの四人の漁師に「私について来なさい」と言って弟子にされる。それから徴税人のレビ、フィリポ、ナタナエル、バルトロマイ、マタイ、トマス、ヤコブの子ユダとイスカリオテのユダ。この八人を弟子にされ、都合一二人である（徴税人は、マタイとレビの二人なので、そのうちの一人として、（マタイ）その代わりにタダイを入れ、またナタニエルの代わりに熱心党のシモンを入れるという二通りがある）。

（4）「山上の説教」

それから、さまざまな悩みや病人たちを治す奇跡と、キリスト教の基本的な教えが、マタイによる福音書では「山上の説教」として、まとめられているが、各福音書ではそれぞれ独特の順序で出てくる。「山上の説教」の順序で並べると、次のようになる。

一．八福と言われる、「心の貧しい人々」「悲しむ人々」「柔和な人々」「義に飢え乾く人々」「憐み深い人々」「心の清い人々」「平和を実現する人々」「義のために迫害される人々」はそれぞれ幸いで、天には大きな報いがあると説く。

二．次は「地の塩」「世の光」論。

三．律法についての考え方。

四．腹を立ててはならない。

五．姦淫してはならない。

六. 離婚禁止。
七. 誓ってはならない。
八. 復讐禁止。
九. 敵を愛せよ。
一〇. 施しはこっそりと。
一一. 祈る時も目立たぬように。

そしてこのあと、「主の祈り」と言われる、「祈る時はこのように祈りなさい」という、祈りがあり、

一二. 断食するときの態度。
一三. 天に宝を積め。
一四. 体のともし火は目。
一五. 神と富とは正反対、二人の主人に仕えることは出来ない。
一六. 思い悩むな。

一七．人を裁くな。
一八．求めよ、そうすれば与えられる。
一九．狭い門から入れ。
二〇．実によって木を知る。
二一．むやみに「主よ、主よ」という人を、私は知らない。
二二．岩の上に家を建てよ。

(5) イエスの公生涯

そのあと、奇跡や、病人の癒し、色々な教えの話など、約一年間のイエスの公生涯の話が続く。

マタイでは、四章までが公生涯以前、最後の一週間が二一章から始まるので一六章分が一年分にあたる。マルコでは、公生涯以前の話はほとんどなく、最後の一週間も一四章から語られるので、一三章分が一年分、ルカは公生涯以前が三章まで、最後の一週間が二章分で、一九章分が一年分、ヨハネも同じ様に一九章分である。

その中で有名な話だけを列挙すると、

一．嵐を鎮める（マタイ一〇章二三―二七節、マルコ四章三五―四一節、ルカ八章二二―二五節）

二．種を蒔く人のたとえ（マタイ一三章一―八節、マルコ四章一―九節、ルカ八章四―八節）

三．「種を蒔く人」のたとえの説明（マタイ一三章一八―二三節、マルコ四章一三―二〇節、ルカ八章一一―一五節）

四．「からし種」と「パン種」のたとえ（マタイ一三章三一―三三節、マルコ四章三一―三二節、ルカ一三章一八―二一節）

五．五千人に食べ物を与える（マタイ一四章一三―二一節、マルコ六章三〇―四二節、ルカ九章一〇―一七節、ヨハネ六章一五―二一節）

六．湖の上を歩く（マタイ一四章二二―三三節、マルコ六章四五―五二節、ヨハネ六章一五―二一節）

七．子どもを祝福する（マタイ一九章一三―一五節、マルコ一〇章一三―一六節、ルカ一八章一五―一七節）

八．金持ちの青年（マタイ一九章一六―二二節、マルコ一〇章一七―三一節、ルカ一八章

一八―三〇節）

九．「ブドウ園の労働者」のたとえ（マタイ二〇章一―一六節）

一〇．また、重い皮膚病を患っている人をいやす（マタイ八章一―四節、マルコ一章四〇―四五節、ルカ五章一二―一六節）から始まって、色々な病気の人々をいやす物語が次々と出てくる（マタイ一五章二九―三一節）

悪霊に取りつかれたガダラ人をいやす（マタイ八章二八―三四節、マルコ五章一―二〇節、ルカ八章二六―三九節）

悪霊に取りつかれた子をいやす（マタイ一七章一四―二〇節、マルコ九章一四―二九節、ルカ九章三七―四三節）

中風の人をいやす（マタイ九章一―八節、マルコ二章一―一二節、ルカ五章一七―二六節）

二人の盲人をいやす（マタイ九章二七―三一節と二〇章二九―三三節、マルコ一〇章四六―五二節、ルカ一八章三五―四三節）

エリコの近くで盲人をいやす（マタイ二〇章二九―三四節、マルコ一〇章四六―五二節）

手の萎えた人をいやす（マタイ一二章九―一三節、マルコ三章一―六節、ルカ六章六―一一節）

などなど

一一．善いサマリア人（ルカ一〇章二五―三七節）

一二．狭き門から入れ（マタイ七章一三―一四節、ルカ一三章二二―二三節）

一三．「放蕩息子」のたとえ（ルカ一四章一一―三二節）

一四．「見失った羊」のたとえ（マタイ一八章一二―一四節、ルカ一五章一―七節）

一五．「無くした銀貨」のたとえ（ルカ一四章八―一〇節）

一六．「不正な管理人」のたとえ（ルカ一六章一―一三節）

一七．「仲間を赦さない家来」のたとえ（マタイ一八章二一―三四節）

などなどである。

そして、この間にイエスは自分の死と復活について何度も預言している。マタイでは一六章二一―二八節と二〇章一七―一九節で、マルコでは九章三〇―三二節と一〇章三二―三四節で、ルカでは九章二一―二七節と一八章三一―三四節であるが、ヨハネだけには無い。

また「山上の変貌」と言われる、イエスの姿が顔は太陽のように輝き、衣服が光のように白くなる、という記事がマタイ一七章一―一三節、マルコ九章二―一三節、ルカ九章二八―三六節に出てくる。

第一八章　四福音書を読む（最後の一週間）

イエス・キリストの最後の一週間は、マタイが最も詳しく、二一章から二七章の七章分を費やしている。他の福音書はそれぞれ二章ずつ、マルコでは一四章から一五章、ルカでは二二章から二三章、ヨハネでは一八章から一九章に出てくる。世界各地の受難劇は、このイエスの最後の一週間と復活が取り上げられて上演されているわけである。

世界的に有名なドイツのオーバーアマガウの受難劇もそうである。ミュンヘンに近い、南ドイツ、アルプスの麓オーバーアマガウ（オーバーは「上」でウンターは「下」、したがってウンターアマガウという町もある）では、一〇年ごとに「受難劇」を村中総出で行うのがしきたりで、それが世界中の人が観にくるイベントに成長したのである。私も一〇年ごとに観ている。

これは、イエスのエルサレム入城の日曜日から始まる。そして大切な祈りの場所を汚しているとして、イエスがその生涯でたった一度の怒りを示し神殿から商人を追い出してから、エルサレムでさまざまな出来事が起こり、奇跡を行い、有名な数々の説教をした。木曜夜の最後の晩餐、そのあと、オリーブ山に登り、ゲッセマネでの祈りのあと、弟子であったユダに裏切られて逮捕される。

そして、最高法院で裁判を受け、神を冒瀆したとして死刑判決を受けるが、その時パレスチナ地方はローマの支配下にあったので、最終裁判権はローマにあり、金曜日にはローマ総督ピラトのもとに連れて行かれる。

ピラトは、イエスに何の罪も発見できないので釈放しようとするが、ユダヤの祭司長たちに扇動された民衆が、とりかこんで「十字架につけよ、十字架につけよ」と叫ぶので、騒乱を起こすまで無理することはないと判断したのだろう、ピラトも遂に死刑の判決を下す。即刻執行ということで、イエスはゴルゴタまで十字架を担がされていくが、その時倒れたイエスに代わって十字架を担ぐキレネ人シモンの話までルカによる福音書は書いている（この話だけでもイエスが実在し、十字架につけられたことが事実であったことを証明していると思う）。

この他、「ペトロ、イエスを三度知らないと言う」や「ユダの自殺」、イエスが息を引き取る前に、「エリ、エリ、レマ、サバクタニ（わが神、わが神、なぜわたしをお見捨てになったのですか）」と言ったことなど、細かい話が続き、イエスの死の直後、神殿の垂れ幕が裂け、地震が起こって、見張りのローマの百人隊長が、「本当にこの人は神の子だった」と言ったことまで、マタイによる福音書は書いている。

ここでアリマタヤ出身のヨセフという金持ちがピラトのところへ行って、イエスの遺体を埋葬するために引き渡してくれるよう願い出る。それは受け入れられるが、遺体を葬った墓は、盗まれないようローマの兵隊が厳しく見張るということになる。これは当時でも偉人などの遺体を隠して、蘇って復活したとして崇拝する習慣があったため、それをさせないためであった。

そこで「復活」だが、マルコ、ルカ、ヨハネが、復活したイエスが各地で弟子たちや、マグダラのマリアなどに現れて話しかける様子を詳しく書いている。最後にどうなったかは、ルカによる福音書に「天にあげられる」という話が書いてある。

ここで、「復活」について私の考えを述べておく。

活水学院での奨励でも、二回にわけて詳しく話をしているが、まず科学的に「復活」はあり得るということをはっきりさせておこう。つまり、物理学の第一法則は「質量不変の法則」であることは既に述べた。物質は一旦存在すると、気体、液体、固体など何になろうと質量は変わらない。ということは、人間は死んで火葬されても灰になるか、一部気体になって宇宙に拡散したり、埋葬されても、そのトータルの質量は変わらずどこかに存在することがわかる。それなら、場合によっては元の形のまま存在する場合もあると言える。そんなことはあり得ないと通常は考えられるが、ダーウィンの突然変異、奇跡など通常考えられないことが起こるのである。イエスの場合、それが起こって復活したということはあり得る。それもずっとではなく、死後一週間とか、一か月である。

これだけ、聖書の何箇所にも書いてあるのだから、イエス・キリストは、一旦復活したと考えるのが至当ではないだろうか？

私は素直に、地球上の人類七三億人のうちの二二億人のキリスト教信者と同様、イエス・キリストは地球上に生まれ、死に、復活したと信じる。そして、我々人類が正しく、清く、美しく、生きて行く指針を与えられたと考える。

皆さんも、同様に信じて、有意義な人生を送っていただきたいと願うものである。

「いや、そんなこと信じられない」と言われるかもしれないが、それでは貴方が「信じられる」ということと、私が言っていることと、どう違うかを説明してもらいたい。人間は自分のことはすぐ信じられるが、他人のことはなかなか信じられない。よくよく両者を比較して、自分のことと他人のこととをよく吟味する必要があると思う。

第一九章　川崎牧師の説教

最後に、日本キリスト教団鎌倉雪ノ下教会の主任牧師、川崎公平先生の二〇一七年一二月二四日のクリスマス礼拝説教を紹介して、この本の締めくくりとしよう。

鎌倉雪ノ下教会は、私がここ二十数年所属している日本キリスト教団の教会で、教団の中では東京の銀座教会と共に、日曜礼拝の出席者が日本全国で最も多い教会である。今年創立一〇〇周年を祝った教会であり、初めの二、三年は横浜指路教会などの牧師の応援を得ていたが、一九二一年九月から松尾牧師、その後の加藤常昭先生の時、この日本一の礼拝出席者の教会に成長した。その後、東野尚志牧師、そして現在の川崎公平牧師とその地位を守っている。

加藤先生の伝統を引き継ぎ、牧師は名説教者で、毎日曜日の説教が楽しみである。クリスチャンになると、毎週一回、このような説教が聞けて、信仰が深められ、有意義な人生が送れるのである。
是非教会に出席されることをお勧めする。

一二月二四日のクリスマス礼拝説教（マタイによる福音書一〇章五—一五節）

主イエス・キリストがお生まれになった、最初のクリスマスの夜、その地方で羊飼いたちが野宿をしながら、夜通し羊の番をしていました。

そこに突然、大きな光が輝き、その光と共に天使が近づいて、羊飼いたちに告げました。「わたしは、あなたがたに、大きな喜びを告げる。あなたがたのために、救い主がお生まれになった」。「あなたがたは、布にくるまって飼い葉桶の中に寝ている乳飲み子を見つけるであろう。これがあなたがたへのしるしである」。忘れがたい光景、そして忘れがたい天使の言葉であります。生まれたばかりの赤ちゃんが、布にくるまって、それがしかし、家畜のえさ箱に寝かされているというのです。

「これが、あなたがたへの『しるし』である」と天使は言いました。「神があなたがたに見せてくださる『しるし』はこれだ。これを見なさい」と言われたのです。

なぜ、家畜小屋に生まれた赤ちゃんなのでしょうか。「しるし」というのはつまり、何かを指し示すものでしょう。布にくるまって馬小屋に寝ている赤ちゃんが、いったい何を指し示しているのでしょうか。

このように考えてみてもよいのです。ひとりの幼子としてお生まれになったイエスというお方は、明確な目的を持ってお生まれになったはずです。「わたしはこれをするために生まれたのだ」ということが、あったはずなのです。その主イエスの使命、お生まれになった目的が、そのお生まれになったお姿に、はっきりと刻まれているということです。

馬小屋に寝ている赤ちゃんです。他の場所で、たとえば宮殿で生まれたり、国でいちばんの設備が整った病院で生まれたりするわけにはいかなかったのです。このお方は、家畜小屋で生まれなければ、そのお生まれになった目的を裏切ることになる。

「あなたがたは、布にくるまって飼い葉桶の中に寝ている乳飲み子を見つけるであろう。これがあなたがたへの『しるし』である」。この「しるし」を見なさい。この「しるし」を見れば、なぜ神がひとり子を地上に生まれさせなければならなかったか、その神の思いが見えてくるのだ。

今日は、マタイによる福音書一〇章を読みました。日曜日の礼拝で、もう二年近くマタイによる福音書を読み続けています。その続きを今日も読んだだけです。ここではイエスさまは赤ちゃんではない。立派な大人です。その主イエスが、いよいよご自分の使命を果たすというときに、しかし決して孤独な戦いをなさったわけではありませんでした。主イエスが地上でなさったひとつの大きな事業は、ご自身の使命を共有し、共に担う同志を集めることでした。そのために、ここで一二人の弟子たちをお集めになり、あなたがたもわたしと一緒に働くのだ、わたしと同じ仕事をするのだと言って、この一二人を派遣なさいました。

この一二人が命じられたこと、それはふたつの焦点を持っていると言うことができます。「行って、『天の国は近づいた』と宣べ伝えなさい」(七節)、「その家に入ったら、『平和があるように』と挨拶しなさい」(一二節)。

「天の国は近づいた」。天の国、つまり神の支配です。あなたの神は生きておられる。その神が、神としての支配をなさるのだ。この事実を受け入れてほしい。その神の支配の中で、当然起こることがある。「あなたがたに平和があるように」。神は、あなたに平和を与えたいのだ。

羊飼いたちの目の前で天使たちが歌った、「神に栄光、地には平和」という歌を思い起こさせられます。しかしここでは、弟子たちが、天使たちのごとく、「神に栄光があるように」、「あなたに平和があるように」と告げて歩くのです。

主イエスは、そのような使命を帯びて遣わされる弟子たちに、ひとつの命令を与えられました。「帯の中に金貨も銅貨も入れて行ってはならない。旅には袋も二枚の下着も、履物も杖も持って行ってはならない」（九―一〇節）。もちろん、こういう言葉の一言一句にこだわることは無意味です。だからキリスト者は貧乏でなければならないとか、そんな決まりをお作りになったわけではないのです。「働く者が食べ物を受けるのは当然である」。必要なものは与えられる。だから心配するな、ということです。

ただ、今回のクリスマスの礼拝でたまたまこのような聖書の言葉を読むことになり、私が改めて「ああ、そうか」と思わされたことは、まさにここで弟子たちは、馬小屋にお生まれになったお方の分身として遣わされるのだ、ということです。

主イエス・キリストは、小さな幼子としてお生まれになりました。馬小屋という、どう考えても出産には不適切な場所でお生まれになりました。母マリアにとっても、父ヨセフにとっても、人生でこんな切ないことはなかったかもしれない。この世でいちばん無防備な姿で、お生まれになったのです。そしてこの幼子を、たとえばヘロデのような王が殺そうと思えば、片手で息の根を止めることができたでしょう。この世でいちばん弱い存在です。だがしかし、この幼子イエスは、神に愛されておりました。神に守られておりました。いや、この幼子こそ、神の愛そのものであったのです。

弟子たちは、その幼子イエスに似た姿で、遣わされたのです。平和の使者として。弟子たちも、不安だったと思います。「ええ？　本当に何も持って行かなくていいのですか？　財布にお金くらい入れていってもよくないですか？」けれども主イエスはこの一二人を、クリスマスにお生まれになった幼子のごとく、ただ神の愛によって守られる人びとの群れとしてお遣わしになりました、それはそのまま、私どもの生き方となるのです。ここに、私どもの使命があるのです。

マタイによる福音書が伝える、たいへん有名な主イエスの言葉があります。「何を食べようか、何を飲もうか、何を着ようかと、思い煩うな。空の鳥をよく見なさい。種も蒔かず、刈り入れもせず、倉に納めもしない。だが、あなたがたの天の父は鳥を養ってくださる。あなたがたは、鳥よりも価値あるものではないか。野のゆりを見なさい。働きもせず、紡ぎもしない。だがしかし、栄華を極めた王ソロモンでさえ、この花のひとつほどにも着飾ってはいなかった」。

なぜ、あの鳥は、この花は、こんなに美しいのでしょうか。

主イエスは心を込めて、「あなたがたは、鳥よりも価値あるものではないか」と言われます。そんなこと、当たり前ではないかと思われるかもしれませんが、本当にそうでしょうか。こういう当たり前のことを、本当の意味で私どもに教えてくれた人が、主イエス以外にいたでしょうか。「あなたがたは、鳥よりも価値がある」。あなたは、神に愛されているのだ。そのようなあなたの存在が、神の愛の証しとなって、遣わされるのだ。そこに求められることは、思い煩いのしるしとなるものは、全部捨てるのです。

こういう話は、現実的でないと受け止められるかもしれませんが、本当にそうでしょうか。「あれがほしい」「これもないと不安」、そうやって死ぬまで思い煩い続ける生き方と、「何も持たずに行け、心配するな」と言われる生き方と、どちらが本物の人間の生活なのでしょうか。

「何を食べようか。何を飲もうか。何を着ようかと、思い煩うな」。「あなたがたは、鳥よりも価値あるものではないか」。

新共同訳聖書は、「何を食べようか、何を飲もうかと思い悩むな」と訳しました。しかしここは、昔からの「思い煩うな」という言葉の方がよかったと思います。私どもの思いが、煩っているのです。主イエスが馬小屋にお生まれになり、あるいはこのような姿の弟子たちをお遣わしになったとき、そこで神が明確に見据えておられた私どもの病とは、こういうことであったと思うのです。この病をどうしても癒さなければならない、と神が思われたのです。私どもも、自分の病をよく知っているのです。「あれも必要」「これもほしい」「あれもないと不安」……。そうやって、どんどん荷物が増えていきながら、ふと我に返ると、いったい自分が何のために生きているのか、わからなくなっているのです。

ここで遣わされた弟子たちが、そのあと、実際にどういう働きをしたか、どういうわけか福音書はそのことについて伝えてくれておりません。しかしひとつ興味深いのは、ルカによる福音書二二章で、主イエスが十字架につけられる前の晩、主イエスは弟子たちに、このときのことをきちんと振り返らせておられます。

「最後の晩餐」とも呼ばれる食事の席でのやりとりです。「財布も袋も履物も持たせず、あなたがたを遣わしたことがあったね。そのとき、何か困ったことはあったか」。主イエスの問いに、弟子たちは「いいえ、何もこまりませんでした」と答えます。ところが主イエスは、なおこう言われました。「しかし今は、財布を持って行きなさい。あなたが必要だと思うものは、何でも持って行きなさい。剣のない者は、服を売ってでもそれを買いなさい」。なぜそんなことを言われたのでしょうか。この直後、主イエスは十字架につけられるために捕らえられる、そのとき、弟子たちはたちまち主イエスを捨てて、逃げ出してしまうのです。そのとき、弟子たちは財布を握りしめていなければならなくなります。何よりも、剣を手放すことができなくなります。その心の最も深いところにあるのは、神を信じない者の不安です。そのような人びとに囲まれながら、馬小屋にお生まれになった方はただひとり、財布も持たず、剣も持たず、遂に十字架につけられました。

クリスマスに主イエスがお生まれになったとき、ヘロデという王が、自分の権力が脅かされることを恐れて、その地方一帯の二歳以下の男の子を皆殺しにしました。頭がおかしいとしか言いようがありません。しかし、他人事でしょうか。「あれがほしい」「これがない」と自分の生活を守ることができない。そのように不安のとりこになった人間が、最後に握りしめるのは剣なのです。武器を持ちたくなるのです。人を傷つけてでも、自分の不安を癒したいという人間の思いは、まさにそれこそ、神の前に癒されなければならない深い病であると思うのです。二〇一七年という年は、そういう不安がどんなに人間を不健康にするかということを、改めて思い知らされる年になってしまったかもしれません。

今からちょうど八〇年前、一九三七年一二月、南京事件、南京大虐殺とも呼ばれる事件が起こりました。そのとき、東大経済学部の教授であった矢内原忠雄という無教会の指導者でもあった人が、この南京事件を批判して東大を追われました。ある講演の中で「日本の理想を生かすために、一先ず此の国を葬って下さい」と言ったのです。この国には理想があるはずだ。この国が理想の国家となるために、ひとまず、この国を葬ろう。おそらくこれが、東大を追われる直接の原因になったと言われます。その後、終戦まで八年間、ほとんどすべての社会的立場を奪われました。

この矢内原先生が、戦中も戦後も一貫して語られたことがありました。「わたしを倒す者は、日本を倒すことになるということを知るべきである」。「なぜ日本が戦争に負けたか。われわれの言葉を無視したからだ」。神の言葉に耳を傾けない国は、必ず倒れる。私は昔、この言葉に初めて触れたとき、伝道者としての自分の姿勢を恥じました。こんなに大胆な言葉を語ることができていないことを、正直に認めないわけにはいかなかったからです。なぜ日本は戦争に負けたか。この国の惨状は、何に原因があるのか。われわれの言葉を無視したからだ。マタイによる福音書一〇章一四節以下にも通じる発言です。

「あなたがたを迎え入れもせず、あなたがたの言葉に耳を傾けようともしない者がいたら、その家や町を出て行くとき、足の埃を払い落としなさい。はっきり言っておく。裁きの日には、この町よりもソドムやゴモラの地の方が軽い罰で済む」。

罰が当たったとか、そんなつまらない次元の話ではないのです。「あなたがたに平和があるように」。その神の言葉を無視する国が滅びるのは当然です。「神に愛されている」という事実を軽んじる人間が、いったいどうしてまともに生きることができるだろうか。だからこそ、私どもも、それぞれに遣わされた場所で、告げるべき言葉を大胆に伝え続けたいと願います。

そのような私どもに与えられた「しるし」が、馬小屋にお生まれになった幼子イエスなのです。十字架の死に至るまで、ついに神は剣を用いることなく、この世を愛し抜く決断をなさったのです。このお方に愛され、そしてこのお方に遣わされて、今ここにおける私の生活があるのだと知るとき、私どもの生活も、語る言葉も、新しくならざるを得ません。神がここに集めてくださった皆さんひとりひとりの歩みの上に、確かな主の祝福がありますように。

あとがき

いろいろ書いたが、どうだろうか？

貴方は、キリスト教を信じることができるようになっただろうか？

「いや、まだそうはならない」と言われる方が多いのかもしれない。

フランシスコ・ザビエルが、日本に来たあと、故郷ポルトガルの友人司祭に送った手紙に、「日本は、今まで来た国と全く違っている。キリストの神も知らないのに、皆礼儀正しく、温和で、あまり争いもせず、平和に暮らしている」と書いたそうだが、日本人はキリスト教を必要としないのかも知れない。

いや、そうではない。本文でも書いた通り、これからは国際化が進み、また我々日本人も海外に進出して行くことが多くなるが、その時、今までのように、のほほんとしていては駄目で、神を信じ、しっかりした信念をもたねばならない。

私は、両親から受け継いだ、キリスト教を皆さんに勧める。

二〇一八年八月

山口義人

著者紹介

山口義人（やまぐち・よしと）

1934年7月15日長崎県生まれ。1957年東京大学法学部卒業、1982年MITスローンスクールSEC修了。三菱電機名古屋営業所を経て本社勤務後、米国三菱電機社長、同会長、三菱電機常務海外営業本部長、専務取締役を歴任、1998年退任。2006年より活水学院理事長（～2014年）。現在、株式会社Sennet取締役会長、STY社長、KONAUS LLC. EVP.CFO他。日本キリスト教団鎌倉雪ノ下教会会員。

著書　『TRONは世界標準化競争で勝てるか』（日刊工業新聞、2007年）、他。

趣味　ピアノ演奏。

貴方キリスト教を信じませんか

2018年11月20日　初版発行

著　者　山口　義人

発行者　渡部　満

発行所　株式会社　教文館

〒104-0061 東京都中央区銀座4-5-1

電話03(3561)5549　FAX 03(5250)5107

URL http://www.kyobunkwan.co.jp/publishing/

印刷所　株式会社平河工業社

配給元　日キ販　〒162-0814　東京都新宿区新小川町9-1

電話03(3260)5670　FAX 03(3260)5637

ISBN978-4-7642-9982-5　Printed in Japan